EL SALARIO EMOCIONAL DE LA CULTURA

DE LA CULTURA

El precariato como modelo de gestión

Despalabro a una profesión en ciernes

Carlos Lara G.

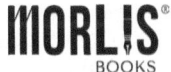

MORLIS
BOOKS

MORL!S®
BOOKS

© Edición: Morlis Books®
© Diseño de portada: Morlis Books®
© Diseño de interiores: Morlis Books®

© Autor: Carlos Alberto Lara González
© Pinturas: Aitana Lara Navarro
Primera edición (2019).

© *El salario emocional de la cultura* es una publicación escrita por Carlos Alberto Lara González y editada por Morlis Editores, S.C., Campo Real 1606, Plaza Pabellón interior 18, El Refugio, Querétaro, Querétaro. 76146.
www.morlisbooks.com

Índice

EL LADO "B" DE LA CREACIÓN

Prólogo
Palabras para conminar a la diletancia

Hablar de los esfuerzos particulares para difundir, compartir, expresar o proyectar acciones de arte y cultura dirigidos a un público, casi siempre indeterminado, o en el peor de los casos ausente, nos obliga, como en el texto de Lara a identificar en primera instancia lo que la academia denomina como "Gestión Cultural". Ese terco y persistente activismo que implica tanto la vinculación de talentos, el fondeo, así como el acudir reiteradamente a oficinas públicas en las que la burocracia, no distingue entre la danza clásica como expresión artística y otros tipos de danza; oficinas en las que es igual de complicado tramitar un permiso para un espectáculo popular que para un palenque; en las que resulta desgastante enfrentarse a normas fiscales que no tienen miramientos para la actividad cultural, a la que exigen las mismas formalidades que a las grandes empresas comerciales.

Esta serie de condiciones convierten el esfuerzo del gestor cultural en una labor titánica, pues dada la naturaleza social y enriquecedora de su trabajo, ven en la tramitología y búsqueda de públicos una empinada cuesta, en la que, como todos, esperan además de un mínimo apoyo de las instancias públicas, al menos la sensibilidad, voluntad y disposición para facilitar los trámites a que por norma quedan obligados.

Lo que hoy conocemos como gestión cultural, era entendido en el pasado como un ejercicio de diletancia, de amateurismo, de un gusto por hacer y promover el arte y las manifestaciones culturales, generalmente a costillas de las fortunas particulares. Así Mecenas, en Roma no tenía empacho en abrir la bolsa para pagar la creación artística, a su ejemplo papas, reyes, obispos, nobles y empresarios a lo largo de la historia han erogado grandes cantidades para satisfacer su gusto, o bien, para lucir su capacidad de gasto en arte frente a los demás.

A raíz de las revoluciones de inicios del Siglo XX, surgió lo que Siqueiros llamó Arte Público y fue así que el Estado y los gobiernos tomaron la promoción y el financiamiento a la creación como una más de sus facultades. El Muralismo Mexicano y la escuela Mexicana de Arquitectura, no podrían explicarse sin un gasto publico que, administrando la abundancia hizo posibles los maravillosos murales de Orozco, Rivera y Siqueiros que plasmaron, no solo el evangelio de la Revolución, sino también la historia y las ideas de progreso en los muros de los edificios públicos. La abundancia petrolera también permitió monumentos como el Museo Nacional de Antropología, las excavaciones del Templo Mayor, el Museo Nacional de Arte y los museos de historia tanto nacionales como regionales, el Palacio de Bellas Artes, la ciudad Universitaria y un sinnúmero de obras que enriquecen el patrimonio común de los Mexicanos. Esta forma de entender el arte desde el gobierno, lamentablemente prima hermana del totalitarismo, tuvo algunos inconvenientes, pues en paralelo al arte oficial, de ideas revolucionarias y otras formas de expresión se vieron relativamente marginadas o relegadas al impulso que los particulares podían darles, incluso a contraley, pues el gusto y las costumbres de quien gobierna, en ocasiones hacen ley y criterio, pero a diferencia de los actos de autoridad legítima, son mera expresión de fuerza pública sin motivación o fundamento.

Ejemplos de censura y discrecionalidad en el ejercicio público sobran y lamentablemente persisten en todos los niveles de gobierno, los diarios generan cada día nuevas anécdotas y ante el fortalecimiento de las libertades ciudadanas, la cerrazón y la intolerancia toman nuevos matices. En tiempos más recientes gracias a los premios, becas, estímulos y otras formas de apoyo que el Estado destina a los creadores y a la difusión de sus obras, se dio una explosión de centros, galerías, colectivos, publicaciones y organizaciones centrados en la gestión cultural.

Estas prácticas que se han convertido en clientelares, en ocasiones limitan el surgimiento de formas y expresiones alternas. Sin embargo, la tendencia de los entes públicos a dar gusto a públicos mayores, han dejado a múltiples experimentos creativos en la orfandad presupuestal. El coleccionista privado, el patrocinador, el cineasta, el productor de teatro, los actores, bailarines y artistas; el ilustrador, el dibujante de comics, el monero... En resumen, considero que el particular que arriesga su patrimonio en un emprendimiento cultural merecen algo más que el aplauso ocasional, la medalla conmemorativa o en el último caso, que una calle lleve su nombre. Los agentes culturales, como los describe el libro en comento, hacen una gran aportación a la colectividad, que merece un trato mejor por parte del mercado, las autoridades y la sociedad en su conjunto.

El texto, con el que Lara aborda no solo la evolución de la profesión cultural, refleja en primera instancia, la gran satisfacción que impregna cada pequeña tarea que las personas, auténticos amateurs, en el sentido olímpico de la palabra, enfocan en sus esfuerzos individuales y colectivos para materializar iniciativas artísticas y culturales.

Este Amateurismo diletante que los positivistas del siglo XIX veían como una dispersión de esfuerzos cuestionando su aporte al conocimiento, es hoy el motor de las industrias creativas y culturales; pues frente a la especialización profesional de áreas como la informática, la administración y otras, la gestión cultural aun está explorando su campo de acción, su alcance y su relevancia económica.

Es tiempo de que la gestión cultural como actividad sustantiva, encuentre adjetivos como colaboración, corresponsabilidad, complicidad (diría desde Barcelona Toni Puig) imaginación, coalición y suma de capacidades. Adelantando conclusiones, la Gestión Cultural es una acción que se conjuga en primera persona del Plural, cualquier otra conjugación está destinada al fracaso.

Luis Miguel Hernández Alcázar

INTRODUCCIÓN

Por 25 años me he dedicado a la promoción del arte y la cultura. No estudié gestión cultural, no era entonces una opción profesional, sino un oficio poco ejercido. No fue tampoco mi fugaz afición por la música al frente de una banda de rock en los noventa, lo que me introdujo a este campo. Fueron las ciencias de la comunicación, su base sociológica, aprendida en la universidad y más tarde su análisis en clave cultural, comprendida en la maestría, como nos enseñó Jesús Martín Barbero, estas fueron las vertientes que me introdujeron a este apasionante ámbito. He tenido enriquecedoras experiencias como promotor de diversos proyectos culturales desde un órgano congresional en el año 2000, como presidente de una comisión edicilia de cultura en los años posteriores y como asesor parlamentario en materia de comunicación y cultural. Siempre con la pluma en la mano, y bajo la autodenominación de analista de la comunicación y la cultura, he participado en la redacción de reformas a la constitución, de proyectos de ley y reglamentos, combinando estas actividades con la comunicación como colaborado en diversos medios impresos, televisivos y radiofónicos.

Este oficio de analista de la comunicación y la cultura me ha llevado a publicar siete libros y algunos ensayos. El doctorado en derecho de la cultura, me hizo abrazar la apasionante vertiente jurídica de la cultura, desde la cual he podido impulsa de la mano de entrañables colegas, lo que denominamos Activismo judicial en materia de arte, cultura y derechos culturales; una disciplina del universo, a veces interminable, de la gestión cultural. Considero que con esto me he ganado, por lo menos, el derecho a analizar de forma crítica y juzgar en voz alta esta profesión en ciernes llamada Gestión Cultural. Una profesión cuyos profesionistas viven, perviven devengando un salario emocional, una condición que no parece mejorar en el marco de la anunciada Economía moral, que apela a la generosidad. A eso que siempre ha dado el Gestor Cultural, que es la base de su salario emocional.

Lo preocupante de esto es que muchos de los Gestores Culturales, lejos de pensar en la profesionalización, colegiación, actualización y certificación, solicitan y apluden la idea de tener un día del Gestor Cultural. Lo hacen además porque consideran que se está en deuda con ellos, a manera de reivindicación social. Son profesionistas incapaces muchas veces, de distinguir entre lo perfecto y lo posible en un proyecto, debido a un factor emocinoal. Profesionistas que van por los sinuosos senderos de la cultura asumiéndose como una suerte de orden mendicante a la que le está prohibido acumular bienes. Suelen organizar reuniones y encuentros nacionales, latinoamericanos e internacionales de gestión cultural, pero no para delimitar el campo de estudio, sino para abrirlo aún más, en grado tal que tenemos ya los primeros encuentros de gestoras culturales (un ejercicio legítimo del derecho de asociación) y hasta la creación de un doctorado en gestión cultural. Profesionistas que, por este tipo de distracciones emocionales y apasionadas, han hecho del precariato una vocación, un modelo de gestión cultural de manera involuntaria.

Blanca Brambila, académica de la Universidad de Guadalajara que se ha dedicado horas y publicaciones al estudio de esta profesión, sintetiza parte de este problema de forma inmejorable, al señalar que históricamente en México, el principal formador y empleador de trabajadores de la cultura ha sido el Estado y por tanto: "existe una especie de servicio civil de carrera empírico en el cual, una vez que el trabajador del sector cultural está dentro del esquema, la capacitación y formación se adquiere de acuerdo con las necesidades, condiciones e intereses políticos imperantes dentro del aparato del Estado". En ese sentido, considero que les hace falta más mercado, pensar más como Agentes Culturales en los términos que veremos a lo largo de este trabajo.

No creo exagerar si digo que en la mayoría de los casos, esa codependencia del Estado hace que los gestores sean como la Lechuza de Minerva de la que hablaba Hegel, quien refiriéndose a la filosofía, decía que esta solía emprender el vuelo ya que todo había pasado para después interpretar. De la misma manera, los gestores suelen emprender el vuelo ya que todo ha pasado, para después interpretar.

¿Qué por qué me preocupo y ocupo del tema de esta manera tan licenciosa? Porque considero que vivimos un momento en el que ya no podemos dejar de pasar las cosas. Un momento en que el arte y la cultura puede devolvernos la categoría de ciudadanos que nos está arrebatando la tecnología y esta comunicación de masas personalizada en la que estamos, que nos lleva de la adquisición de bienes y servicios culturales, y de la convivencia comunitaria, a la suscripción a la carta y a una cultura a domicilio que ha terminado por instalarnos en la categoría de individuos, incapaces ya de presenciar eventos artísticos y culturales. Una categoría desde la cual es casi imposible generar proyectos socialmente útiles como los que se pueden gestar desde la categoría de ciudadanos para hacer comunidad. Una categoría que tiene el bien común, y no el mal menor, como marco de operación. Que sabe que no hay contribución en solitario.

Bajo mi particular punto de vista, son las manifestaciones artísticas y culturales que crean, gestionan y promueven los promotores, gestores y agentes culturales, las que nos pueden ayudar a ascender nuevamente a dicha categoría. Y precisamente porque la tarea de los creadores, promotores, gestores y agentes de bienes y servicios culturales es ardua, no puede desarrollarse de forma indigna, y mucho menos devengando un salario emocional basado en compensaciones. Requiere de un salario económico, lo cual comporta una reflexión profunda de esta profesión desde la cual operan, ya por haber sido formados en ella, por haberla abrazado como oficio, por creer en ella como base de su espíritu emprendedor, o bien, por aprecio o porque como dice el sociólogo portugués Bonaventura de Sousa Santos: porque el emprendurismo le da glamour a la precariedad.

Quienes me conoce, saben que no concibo de la misma manera al promotor, al gestor y al agente cultural. Me decanto más por el fortalecimiento de este último, como verán a lo largo del trabajo. Como sabemos, cada uno tiene cualidades diferentes. En términos generales, quienes estamos en esto, conformamos un campo dividido en dos grupos. El de los que padecen miopía, porque solo son capaces de ver de cerca. Y los que padecen presbicia, que solo pueden ver de lejos. Aquí es necesario un ejercicio de bifocalización que permita al gestor y al promotor ver de lejos y de cerca. Bajo mi punto de vista, ese esfuerzo de bifocalización lo encarnaría el Agente Cultural formado en competencias.

Creo firmemente en que son las competencias profesionales y mediáticas (no solo las laborales y académicas) las que pueden ajustar las diferentes miradas y llevar a cabo este necesario proceso de bifocalización. Creo que solo así, a partir de reflexiones sin concesiones, podremos cumplir algún día esa máxima de nuestra legislación laboral que reza: "a trabajo igual, salario igual". Haciendo respetar el trabajo que conlleva la promoción del arte, la cultura y el ejercicio de los derechos culturales, el trípode de la Gestión Cultural.

No quiero dejar de contar esta anécdota. Durante un recorrido por la exposición "XX en el XXI, colección del Museo Nacional de Arte", la primera permanente del presente gobierno, un grupo de servidores públicos del museo apareció en las salas de forma silenciosa y con pancartas en donde se leía: "No somos escoria. Somos trabajadores de la cultura" y otra más que decía "No más prepotencia de Carmen Gaitán", la directora del museo a quien reclamaban haberles insultado, así como utilizar obra del acervo del museo para decorar su oficina, la contratación de un restaurador externo, pese a contar con Cencropam, y utilizar un chofer particular de la dependencia. Las ofensas son quizá lo más condenable. La contratación de un restaurador externo es justificable, el uso de obra del acervo, no para decorar, sino para vestir su oficina me parece apropiado, lo hacen diversas oficinas públicas con obra del programa Pago en Especie de la Secretaría de Hacienda, y lo del chofer una nimiedad. Bajo mi punto de vista, lo más lamentable de esta escena es que los funcionarios públicos del museo se consideraran "trabajadores de la cultura". Con esa mentalidad sindical no se va a ninguna parte. De ese tamaño es el cambio de mentalidad y actitud que deberá tener un Agente Cultural, propuesta central del presente trabajo.

Es necesario que el funcionariado cultural abandone la mentalidad sindical y se asuma como lo que son, servidores públicos adscritos al sector cultura. Incluso, en el más estricto sentido, son prestadores de bienes y servicios culturales, si consideramos la reforma constitucional al artículo 4to; que estableció el derecho de acceso a la cultura; un derecho que se materializa en la prestación de bienes y servicios culturales que debe garantizar el Estado, no a ellos ni a la autodenominada comunidad cultural a la que pertenecen, sino a los ciudadanos, que son los destinatarios finales de la inversión pública en materia de arte, cultura y derechos culturales. Son ellos quienes deben ayudar a los ciudadanos a acceder a la cultura y a ejercer sus derechos culturales, a través de su trabajo administrativo, artístico y cultural. Tan necesario es que el servidor público deje de asumirse como "trabajador de la cultura", como que el gestor cultural deje de ser un aficionado a todo y especialista en nada para hacer de la Gestión Cultural una profesión con futuro.

Finalmente, advertir que el lector no está ante un libro aspiracional, hay ya demasiados porristas mentales y libros de autoengaño en la red, en las ferias del libro y en la industria editorial. Está ante el despalabro de una profesión en ciernes, vista desde la perspectiva de un analista de la comunicación y la cultura, que en ocasioines hace de comuducador frente a grupo, y que algo sabe del desarrollo de las actividades de esta profesión[1]. Está ante introversiones sin pretensión de verdad absoluta; expuestas desde una convicción, como temas de discusión, observación y análisis, pero sobre todo, como materia de debate. Introversiones que asumen la cultura como una especie de fogata, o bien, de chimenea a la que acudimos a diario a calentarnos las manos, luego de superar por momentos la violencia generalizada del día a día, así como la difícil situación política, económica, social y cultural por la que atravesamos. Luego de haber discutido las mil y un formas de proteger, promover y difundir de mejor forma el arte, la cultura y el ejercicio de los derechos culturales. Eso es lo que nos ofrece la cultura en general. La posibilidad de estar juntos en modo tribal, en torno a ella, a manera de fogata o chimenea, para brindarnos ese calor y esa creatividad que solo se manifiesta en grupo.

---

[1] El término *comuducador,* es de Salvador Pocho Ottobre; engendrado en una anécdota que creo merece el lector. Cuenta que cuando trataba de transmitir los contenidos de una materia y veía los ojos de los chicos, el silencio y los bostezos, huía a la exploración de otros territorios a busca fuera lo que se echaba en falta dentro. De esta manera comenzó a utilizar las técnicas que hoy permite la comunicación persuasivo-seductora. De tal forma que cuando está frente a grupo, como educador, y comienza a ver los bostezos, echa mano del comunicador para despertar nuevamente el interés de la clase. Así es como surge ese tercer agente, el *comuducador.*

- Más vale que ningún pájaro se haga encima
- Amas demasiado ese carro
- Pero si es solo un Chrysler, y tu amada mía eres un Cadillac
- Los poetas comparan a sus mujeres con flores
- Pues porque no les alcanza para un automóvil...

Diálogo entre dos de los protagonistas de la cinta Sonora, de Alejandro Springall (2018)

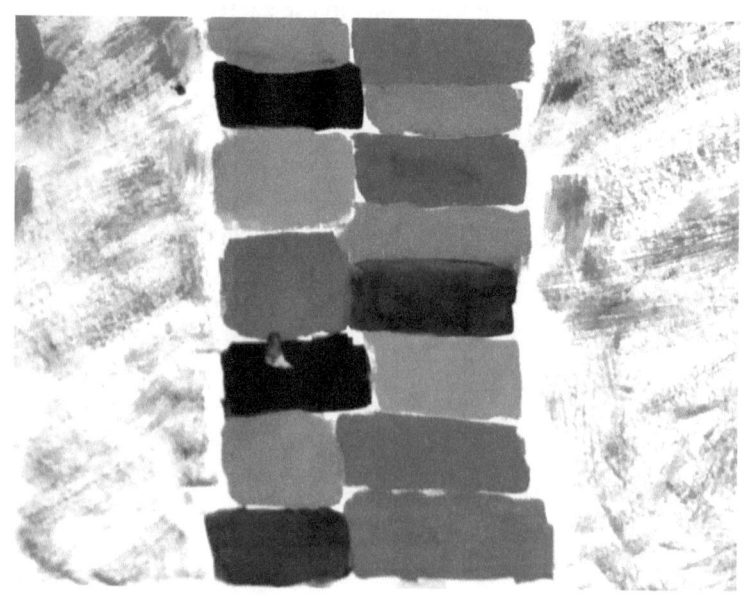

El lado "A" de la gestión cultural

El precariato

Hace algunos años George Yúdice (2002) sustentaba un enfoque novedoso acerca de la cultura. Proponía verla como un recurso. Lo hacía reconociendo que el recurso al capital cultural, era parte de la historia del reconocimiento de los fallos en la inversión destinada al capital físico en los sesenta, al capital humano en los ochenta y al capital social en los noventa. Cada nuevo concpeto de capital, decía, había sido concebido como una manera de mejorar fallos y fracasos del desarrollo según el marco anterior. Cita el concepto de capital social, por ejemplo, puesto en práctica por el Banco Mundial de Desarrollo, cuyos proyectos de desarrollo toman en cuanta el tejido social. Propuso por ello, entender el recurso de la cultura, luego del análisis de **cómo se invertía** y se distribuía de las maneras más globales, incluso cómo era utilizada como atracción en la promoción del desarrollo de capital y del turismo, como el primer motor de las industrias culturales y como un incentivo inagotable para las nuevas industrias que dependen de la propiedad intelectual.

Es decir, con una visión présbite observó la cultura como un recurso que comenzaba a adquirir legitimación, desplazando a otras interpretaciones por ser precisamente un medio de legitimación para el desarrollo urbano, materializado en la construcción de museos e infraestructua cultural, en el crecimiento económico, a través de la economía creativa, incluso de la resolución de conflictos sociales, el racismo por ejemplo, y hasta fuente de empleos, mediante la artesanía y la producción de contenidos.

Anterior a este trabajo había ya estudios y mediones económicas desde la Unesco; en nuestro continente tuvimos publicaciones pioneras como esa de Uruguay, *La cultura da trabajo*, elaborado por los especialistas Luis Stolovich, Graciela Lescano y José Mourelle. Tres años más tarde, el especialista brasileño Teixeira Coelho definió "Indicador cultural" como un referente de causalidad y cambio en los parámetros artificiales que construimos, ya sean cuantitativos o cualitativos, para modelar el posible cambio del actuar humano y valorar las alteraciones de los bienes, productos o ideas en un espacio y tiempo determinados. Lo anterior brindó elementos para mejorar la capacidad de adaptación al entorno ecológico y sociocultural, transformando la cultura y la vida de la sociedad en un proceso de desarrollo medible. Posterior a ello, vinieron otras publicaciones que comenzaron a demostrar el valor económico, por ejemplo, del café en Colombia, del cine en España, hasta llegar a la multicitada obra de Ernesto Piedras ¿Cuánto vale la cultura? Sin embargo, no se ha sabido hacer mucho con estas cifras, más allá de documentar su ascenso de la mano de encuestas y cuentas satélites.

En 2009 el Instituto de Estadísticas de la UNESCO publicó El Marco de Estadísticas Culturales 2009, en el que muestra la dimensión económica, social de la cultura, así como diversos conceptos, estructuras y códigos internacionales de clasificación en la materia. Por este y otros estudios sabemos que México es líder continental en economía creativa (qué hemos hecho con eso). Lo que quiero decir es que hoy es posible hablar de "Impacto socioeconómico de la cultura", debido a que la operación económica de la cultura es equiparable a la de cualquier otro sector, como lo han demostrado diversos colegas.

Creo que podemos hablar también de "Impacto cultural" en la elaboración de proyectos de intervención cultural, que por extensión del "Impacto social" de Ernesto Cohen, está orientado a mejorar las condiciones de vida de los ciudadanos al satisfacer y resolver necesidades y problemas culturales, respectivamente. Para ello, se cuenta con trabajos como la "Canasta básica de consumo cultural". Una herramienta para garantizar el derecho a participar de la vida cultural y el acceso a los bienes y servicios culturales, encabezada por el especialista chileno Pedro Guell y auspiciada por el Convenio Andrés Bello y la Universidad Alberto Hurtado. Este trabajo mostró en su momento una serie de indicadores novedosos tales como el Índice de Desarrollo Humano de Género, el Índice de Dinámica Cultural, el Índice de Potenciación al Género, el Índice de Recursos Culturales.

Como podemos ver, la cultura comenzó desde hace casi tres décadas, a redefinir su papel frente a la economía y al desarrollo en general. Poco se duda ya de su importancia como inductora del desarrollo humano. Sin embargo los agentes culturales no hemos sido capaces de hacer valer estos indicadores de gestión. Hablamos, escribimos, organizamos foros, laboratorios, observatorios, conversatorios y charlas TED sobre e valor económico de la cultura y su importancia en el desarrollo, pero desde el precariato; desde nuestra posición de asalariados emocionales. Debemos admitir por lo menos, que no somos los mejores vendedores de esta idea del valor económico, quizá porque no somos en general, portadores directos de sus beneficios económicos. Antes bien hemos adoptado el precariato como un modelo de gestión.

Si fuéramos parlamentarios, diríamos que hemos ganado el debate, pero perdido la votación. Nos consuela haber demostrado lo que decía Yúdice, que la cultura es un recurso.

Hoy, con la novedosa etiqueta de la Economía Naranja, ampliamos las bondades de la cultura en el marco de la economía creativa y comienza un nuevo ciclo por el mismo sendero. Ojalá logremos transitarlo con el propósito de brindar un trato más digno a los promotores, gestores y agentes culturales de este proceso.

Ahora bien, esto no llegará de forma gratuita. Necesitamos canalizar mejor la emocionalidad en nuestro trabajo; transferirla en lugar de interiorizarla. En lo personal imagino un nuevo recorrido con nuevas banderas y por supuesto, con un nuevo discurso. Que si decimos que trabajamos en un sector altamente productivo, generador de millones de pesos, creador y dador de empleos, de aportaciones millonarias al PIB, seamos beneficiarios directos de esta nueva condición cultural. Para ello es necesario dejar de pasear el balón, en términos futboleros, dejar de hacer trabajos y análisis que solo abonan a la sobrediagnosticación de los diagnósticos. En otras palabras dejar de lado el salario emocional.

En una entrevista realizada a Fito Paez en marzo de 2012, en el maravilloso programa argentino *Encuentro en el estudio*, que producía y dirigía Lalo Mir, el cantautor contaba parte de su proceso creativo. Existen diversos colegas, decía, que sostienen que no es necesario tener un método, otros reconocen que sí. Cerati, por ejemplo, hacía primero la música, después venía la letra. Joaquín Sabina y Bob Dylan por el contrario, primero escriben; incluso hay quien solo hace la letra y solicita a otros la musicalización. En fin, en el caso de Fito Paez resulta interesante su testimonio porque nos habla de dos momentos fundamentales y de la necesidad de un método para no perder tiempo.

Cuenta el caso de Cadáver exquisito, una canción que le costó meses; el lado "A" de la canción fuer una verdadera tortura en la que quedó atrapado según dice, un rato largo. Fueron meses[2]. Ante la pregunta de Lalo Mir, de cómo se compone una canción, explicaba que hay varios métodos, pero que él no era metódico, sino caótico. Esto lo había llevado a perder mucho tiempo. En el caso del lado "A" de Cadáver exquisito, estuvo atrapado en esa parte descendente entre tonos que van de La menor, a Sol mayor, a Fa mayor y a Mi mayor, diciendo:

Comienza el día y una luz sentimental/nos envuelve, vuelve, se va

la fabulosa sinfonía universal/nos envuelve, vuelve y se va

tango sexo, sexo y amor/tanto, tango, tanto dolor

---

[2] Hay cantautores que al componer una canción, lo hacen en dos partes, primero el lado A y posteriormente el lado B. Es el caso de Fito Paez.

mi vida gira en contradicción/jamás conquisté mi corazón

mas dónde estaba cuando pasó lo que pasó/hablándome al espejo solo?

Vengo de un barrio tan mezquino y criminal/quizá te queme, queme, quizá

Si de nada sirve vivir/buscas algo por qué morir...

Viene aquí una suerte de glisando (a manera de metáfora), esto es, la forma ascendente de la canción en el lado "B", con otros tonos que, aunque menores, son claramente ascendentes y en dos octavas más arriba, diciendo:

Busco mi piedra filosofal/en los 7 locos, en el mar

en el cadáver exquisito, en no tener piedad

en la quinta esencia de la música/dentro mío en el amor y el...

Odio tener que pensar preferiría tu sonrisa a toda la verdad/avanzo un paso,

retrocedo y vuelvo a preguntar que algo cambie

para no cambiar jamás todo es imperfecto amor... y obvio.

Fue así como salió de ese lado "A" descendente "Si seguía para abajo me dormía, se va a dormir la gente, esto no le interesa a nadie. No puedes estar seis meses perdido, bajando todo el tiempo. Lo que debes hacer es subir". Esto es precisamente lo que los porristas mentales y escritores de libros de autoengaño suelen decir al expresar la frase "salga de su zona de confort" Rompan su techo de cristal etc.

En otra parte de la entrevista habla de la necesidad de entender el papel que desempeña un creador. Que hay tramos de competencia en la creación y recreación que generan el arte y la cultura. En el caso que nos ocupa, quienes crean y recrean los elementos de identidad de una comunidad. Más allá de la voluntad personal, dice, es necesaria la fuerza del otro: "Ahí aparece algo milenario que hay que entender. Que uno hace el pan, el otro entierra los muertos, el otro corta la entrada del cine, el otro hace la leche y uno cuenta la historia. No a manera de historiado, sino de una suerte de pequeño chamán del barrio que cuenta con la guitarra para que todos se diviertan el sábado por la noche".

Esto es precisamente lo que considero deben entender y hacer los denominados Gestores Culturales. Que son en la mayoría de los casos editores de una realidad. Que la comunidad también crea, el creador recrea y ellos como gestores generan la exposición pública de esas historias que permiten enhebrar la aguja con la que se teje esa urdimbre colectiva que llamamos tejido social, que se vive el sábaso por la noche el domingo por la mañana y entre semana, en los tiempos de ocio y aprovechamiento del tiempo libre de la gente.

Y ya que estamos con un testimonio argentino, señalar que desde hace algunos años vienen empujando desde Argentina el Día del Gestor Cultural, y justo el 22 de octubre pasado, comenzaron a socializarlo en redes, asociado a una necesidad de reconocimiento social y moral de esta actividad, a la que muchos no se atreven a señalar como profesión, con todas sus letras. En uno de los portales denominado gestioncultural. com hablaban de este día como un día perfecto para reivindicar este trabajo. Afirman que no era necesario un título o un máster para desarrollar dicha actividad. Exaltan también la manera en que el Gestor Cultural trabaja, sin recursos, en la precariedad y la forma en que su pasión y amor al arte le ayudaban a superar todos los obstáculos ¿Para qué? Me pregunto yo, para vivir de ese salario emocional que lo tiene instalado en el precariato claro. No me extraña entonces que uno de los argumentos que busca establecer un día del gestor cultural, sea ese de ser reconocidos por la sociedad y reivindicarles en ella moralmente por sus actividades.

Bajo mi particular punto de vista, estas son parte de las cosas que tiene a los Gestores Culturales atrapados en el lado "A" de la creación. Por tanto, deben ser capaces de encontrar los tonos correctos para construir un glisando a manera de puente, que les permita pasar al lado "B" del proceso creativo. Lo anterior comporta un método, disciplina y formación. Quizá sea la única forma de salir del precariato emocional en el que se encuentran, donde se es gestor, promotor y difusor justo de lo que nadie busca consumir en primera instancia, sino hasta que está bien presentado, pero qué sucede, que quienes suelen presentar muy bien los bienes y servicios culturales que la gente sí consume en primera instancia, son los agentes del mercado, es la inversión privada, donde el salario no es emocional sino económico.

Las McReglas del mercado como marco del precariato

La fracción VI del artículo 123 constitucional, señala que los salarios mínimos generales deberán ser suficientes para satisfacer las necesidades normales de un jefe de familia, en el orden material, social y cultural, y para proveer la educación obligatoria de los hijos (…) se fijarán considerando, además, las condiciones de las distintas actividades económicas.

Huelga decir que estamos lejos de alcanzar este precepto constitucional. No hay gobierno que no recurra al denominado outsourcing, incluso los autodenominados de izquierda, incapaces de detener el dumping cultural que sujeta a los bienes y servicios esquemas perniciosamente diferenciados. A indecentes presupuestos públicos para el arte y la cultura, a ventajosas cuotas de pantalla en el caso del cine, a una programación de baja calidad en los medios de servicio público, sin caer en la tentación de ideologizar a las audiencias. Y es que no basta con saber que es la integración global, la expansión de los mercados y la imposición planetaria de pautas culturales y valores sociales en esta suerte de refeudalización del espacio público que vivimos, la que ha generado el desempleo brutal y la desregulación de derechos laborales. Se debe actuar en consecuencia con un proyecto de nación dinstinto, con la mirada puesta en el futuro, fincada en el desarrollo integral, no en el pasado asentada en una economía moral.

Es verdad que el comercio ha dejado de ser parte del modelo económico mundial para convertirse en la infraestructura que todo lo engloba: la cultura, los derechos humanos, el medio ambiente, la propia democracia tienen ya un valor comercial. Sin embargo, si bien no se trata de poner en tela de juicio el comercio de mercancías y servicios a través de las fronteras, tampoco de lo contrario y dejar de ver sus efectos. Lo público es privatizado y desregulado bajo el discurso de la competitividad mundial. Esto hace que las definiciones de la Organización Mundial del Comercio disten mucho de ser las reglas de la economía o del comercio; lo que en realidad define este organismo es, como sostiene Naomi Klein, una plantilla única que medianamente funcione para todos los gobiernos; una suerte de "McRegla", generadora de McJobs. Sí, de empleos mal pagados, como lo definió en su momento el diccionario Oxford, no sin el feroz reclamo de McDonalds por la clara alusión.

Es así que una de las "McReglas" de este tipo de comercio leonino es el denominado "dumping social", que llegó a impulsar en Europa principios como el del "país de origen". Esto es, cualquier empresa con sede en países con una menor o escasa regulación laboral, puede enviar a sus trabajadores al país que mejor le convenga, puede ser el país sede de la matriz, por ejemplo, pero en las condiciones salariales, laborales y de seguridad establecidas en el país de origen. Lo anterior sin que las normas específicas vigentes en el marco legal del país donde se trabaja deban cumplirse. Esto lo que genera es una descolocación jurídico-laboral y traslado de obligaciones que acaba por abandonar derechos de forma irresponsable. Sin duda una de las medidas más rapaces dentro de los procesos socioculturales en la actualidad, que fomenta, entre otras cosas, el intercambio entre los individuos en función solo de intereses corporativos. Sobra decir que el gobierno mexicano de la alternancia, de la realternancia, incluso el de los efervescentes cuatroteistas, no han hecho nada para que esto sea diferente; una vez adoptado el discurso de la competitividad mundial han seguido al pie de la letra las "McReglas" impuestas por el mercado. Este último decreta la muerte del neoliberalismo, aprueba el T-MEC olvidándose de la cultura y ponen en marcha una economía moral, que es más un discurso evangélico que un proyecto económico.

Si bien lo que establece el artículo 123 de nuestra Constitución es un derecho, el Estado mexicano debe ser congruente e impulsar medidas complementarias en los organismos internacionales. Es verdad que esto es todo menos algo sencillo si consideramos que la Organización Mundial del Comercio no se encuentra dentro de las normas que regulan a las Naciones Unidas. Este es el origen del problema, el 123 constitucional bien dice que los salarios se fijarán considerando las condiciones de las distintas actividades económicas y estas no tienen visos de enderezarse. Así las cosas y por paradójica que resulte la afirmación, el salario económico nunca ha alcanzado para satisfacer la necesidad culturales de una familia, esto lo ha hecho el salario emocional de los pormotores y gestores del arte y la cultura.

Desesperados por encontrar mejoras en las condiciones sociales y laborales de quienes nos dedicamos a la promoción y gestión de estos dos ámbitos, diversos colegas suelen abogar a menudo por un seguro médico, sin considerar que existe ya la incorporación voluntaria al sistema de salud. Promueven también la creación de licencias y certificaciones para espacios alternativos, bajo la consideración de que colocando la etiqueta de "cultural" a un cierto giro comercial, este podrá obtener beneficios inmediatos y funcionar de mejor manera y no es así. Exigen esquemas de excepción a partir de la premisa de que la cultura y sus trabajadores deben gozar de un trato diferenciado en los terrenos de lo laboral, lo social, lo económico y lo comercial. Sin embargo, aquí la función del Estado es limitada, puede ofrecer solo una parte de la solución a un problema mucho mayor, que es de índole económica. La política cultural, como diría Néstor García Canclini, está en otra parte, como iremos señalando. Y dentro ya de lo que es una política cultural institucional, es necesario también hablar de agentes culturales, más que de promotores y gestores, pues considero que es un término, no solo más general, sino que abraza (con menos problemas que los gestores) técnicas y estrategias de mercado para el desarrollo del arte y la cultura.

En una reciente colaboración editorial titulada "Las armas y las letras", en alusión al discurso de Cervantes sobre estos instrumentos, Juan Villoro relataba el clima de inseguridad que vive el país. Sus reflexiones me llevaron a pensar sobre lo que nos toca hacer como parte de la sociedad. Solo que, a diferencia del escritor, no me asombra el hecho de que en un contexto en el que tanto se ha discutido el tema de la seguridad, no se hayan atendido sus variables educativas y culturales. En lo personal he de reconocer que quienes de alguna manera formamos parte de la autodenominada comunidad cultural, no hemos sido capaces de impulsar un proyecto articulado encaminado a remediar el ánimo de nuestra lamentable situación[3]. Es por aquello de que unos vemos solo de cerca y otros de lejos. Falta ese ejercicio de bifocalización.

Entiendo y aplaudo que uno de los acentos de la actual política cultural sea transitar hacia una cultura de paz. Son miles de muertos que ha cobrado la guerra contra la

---

[3] El colega Carlos Villaseñor, en un momento realizó importantes alianzas con gobiernos como el de Guerrero y Morelos para llevar a cabo análisis especializados sobre cultura y seguridad, pero le costó sostener esa iniciativa porque no hubo interés por parte de las instituciones.

delincuencia organizada, pero condeno al mismo tiempo la renuncia del Estado ante este problema que comienza a configurar una narcopaz. Esto debe llevarnos a replantear los propósitos de la promoción, de la gestión y de la creación misma. Como agentes culturales tenemos el compromiso moral de entender que la cultura, como bien señala Villoro, no debe ser el privilegio de quienes aparentemente superaron su circunstancia, sino la normalidad de quienes viven en ella. Si entendemos esto seremos capaces de abrazar soluciones, no solo transversales, sino también enmarcadas en tramos de responsabilidad definidos, reconociendo ante todo los límites y los alcances de cada agente. Es decir, los primeros pasos de un proceso de bifocalización. Es necesario dejar de hacer cultura desde el ámbito cultural para el ámbito cultural.

Lo anterior comporta Agentes Culturales preparados, pero sobre todo mejor pagados. El salario emocional de la cultura ya no alcanza a sostener el modelo de gestión cultural precario en el que sobreviven. A los recortes presupuestales de los últimos años, se suma una política de austeridad y una economía moral. Quienes gobiernan no entienden que ya no están quitando grasa en la administración pública federal, están tocando tejido. El tejido social.

LA ECONOMÍA MORAL COMO MARCO DEL SALARIO EMOCIONAL DE LA CULTURA

El presente sexenio comenzó como todos, haciendo énfasis en las bondades del arte y la cultura y multicitando el ya sobado y desgastado tejido social. Sin embargo, el contraste fue notable desde el inicio. La pretensión de pasar *De la cultura del poder al poder de la cultura*, quedó en eso, en una pretensión, luego de reducir el presupuesto a 0.21 %, como parte de una política de austeridad y enmarcada ahora en una economía moral.

Volvieron al tan criticado centralismo cultural con proyectos como el de Chapultepec, ignoraron a los pueblos y comunidades indígenas en proyectos como el Tren Maya, hasta que las protestas les hicieron ver que dicha decisión pasaba por alto el artículo 2do constitucional, la Ley de Planeación y el artículo 169 del Convenio de la OIT. Una vez más: todo por los pueblos indígenas, pero sin los pueblos indígenas[4].

Posteriormente negaron el apoyo subsidiario a las asociaciones civiles, lo cual atenta contra el derecho de a ejercer un trabajo o profesión, así como el derecho de asociación; establecidos en los artículos quinto y noveno de nuestra Constitución, respectivamente.

Después se desdibujó el slogan del poder de la cultura e imprimieron énfasis en la "Cultura Comunitaria", adoptando un lenguaje agrícola que va de las milpas, a los semilleros, pasando por misiones, sendas, sembradío de vidas, hasta llegar a los jolgorios y las verbenas. Un lenguaje agrícola que ha derivado en una suerte de plaga peor que los transgénicos de Monsanto y el sargazo de las playas del Caribe juntos,

---

[4] El colmo en este rubro, ha sido la separación absurda, miope e ignorante hecha por el presidente en el programa de apoyos económicos a adultos mayores, entre indígenas y mestizos como si pudiera comprobar y establecer criterios de política pública para llevar a cabo una suerte de certificación racial.

puesto que no tienen lo principal que es el agua necesaria para el riego de las pretendidas milpas y semilleros. Es decir, se ha desviado el cauce del río presupuestal hacia el cascarón de Tlaxcala y el ambicioso proyecto de Chapultepec y sus más de 80 mil hectáreas. Si bien no están cerradas las compuertas, las milpas y semilleros de la pretendida "Cultura Comunitaria", requieren más agua. De lo contrario todo queda en jolgorios y verbenas en el centro del país.

La Secretaría de Cultura gasta 89 mil pesos mensuales en una sede que poco utiliza y que solo da un poco de coherencia a la vaga idea de la descentralización cultural. El pago total de rentas ronda los 114 millones de pesos anuales, según informó la propia secretaría en una comparecencia ante la Comisión de Cultura de la Cámara de Diputados. Si se considerara por lo menos trasladar las áreas de la Secretaría de Cultura que actualmente pagan renta a las más de 80 mil hectáreas, se estarían ahorrando casi la propuesta de incremento de 2019 para invertir en acciones culturales.

Otro de los pilares que tampoco ha funcionado es ese de "Cultura para La Paz" que se ha convertido en una cultura de narcopaz, luego de ver el vergonzoso episodio del 17 de octubre en Culiacán Sinaloa, donde el Estado renunciaba a una de sus atribuciones fundamentales. Así las cosas, en el marco de la multicitada austeridad republicana y la economía moral, resulta ofensivo e inmoral que el juego de pelota del presidente, es decir, tenga una buena cantidad garantizada. Una grave confusión del estado de ánimo con el estado de derecho. Vamos, que si hace un año nos hubieran dicho que la cultura en este gobierno que, en materia de cultura no solo adoptó como acento y adjetivo El poder de la cultura, sino que contaba con el respaldo de importantes voces del sector, iba a resultar tan desastroso, nadie lo habría creído.

En conclusión. La autodenominada Cuarta Transformación comenzó aprobando el presupuesto cultural más bajo de la historia, una vergüenza moral para una clase gobernante que vivió décadas auto nombrándose conocedora, amante, protectora, defensora, promotora y difusora de la cultura. Mal entendió, y por ende, mal interpretó desde un inicio la descentralización administrativa. Sus feligreses creyeron e hicieron creer que una renta en Tlaxcala era casi un federalismo cultural, cuando es casi un bien mostrenco. Tan era una ocurrencia, que en menos de tres meses ya estaban anunciando el Proyecto Chapultepec justo en el centro del país, el cual tendrá más atención y recursos que cualquiera de las acciones de descentralización anunciadas por la Secretaría, que ya cargaba con el desprecio a la socidad civil organizada y la desatención a los pueblos y comunidades originarias, por voluntad presidencial y esas ridículas consultas a mano alzada.

Y qué decir de la cancelación de programas y fideicomisos, así como la presentación del Plan Nacional de Desarrollo, que en materia de cultura parece más un programa municipal, que confunde de la peor forma posible estrategias, enunciaciones, propósitos y objetivos. Y qué de la aprobación del T-MEC, a unos meses de que habían decretado la muerte del neoliberalismo. Todos los senadores de la cuatroté votaron sin respingar dicho tratado, echando a la basura sus promesas en materia de cinematografía y el empalagoso, obtuso y obnubilado discurso que enarbolara, primero María Rojo y posteriormente los

Taibos, los Poniatowskos y adláteres, de "Sacar la cultura de los tratados".

La senadora Jesusa Rodríguez intentó apagar el fuego con gasolina denostando a los creadores, agudizando la crisis del Fonca que había iniciado Edgar San Juan (Lord Condesa) y el poeta Mario Bellatin en la primera reunión con los creadores. La desubicada periodista que preside Notimex insuflaba aire al fuego. De la vergonzosa y lamentable designación de Rosario de Piedra como titular de la Comisión Nacional de los Derechos Humanos, ya no hablamos.

El marchamo que sella esta serie de infortunios, es la propuesta presidencial de una economía moral que apela a la generosidad de los mexicanos. Si algo han aportado, en particular los gestores culturales al desarrollo de México es su tiempo, sus conocimientos, sus habilidades y su pasión desmedida, siempre de forma generosa. Hoy requieren un modelo económico que permita desarrollar su creatividad y no balbuceos económicos que intentan pedir más sacrificios. Y es que en términos generales, esta economía moral está orientada a bajar el techo a todos los ciudadanos, en lugar de subir el piso, todo para hacerles creer que estamos creciendo, puesto que además, solicita no mirar hacia fuera, a otros países en esta materia.

Esta denominada economía moral representa una falta de respeto a la economía y a los economistas, por ser un sofisma más. No es un libro sobre economía. Es una falta de respeto a la información también, ya que presenta gráficas desactualizadas. Es una falta de respeto a la cultura por no ser considerada en todo caso en este balbuceo "económico" que la condena a un 0.21 % del presupuesto. Se trata pues de un distractor más que utiliza al neoliberalismo nuevamente de sparring. En todo caso, si algo podríamos cuestionar es que sostenga que su el libro tiene el propósito de convencer a los lectores de que el quehacer nacional en materia económica, política, social y cultural no debe ser orientado a alcanzar a otros países, sino todo en favor del bienestar de la población. Este ombliguismo presidencial preocupa, por su visión limitada y conformista, plasmada ya en su programa municipal de gobierno, donde el mundo no aparece por ninguna parte.

Obsérvese la forma en que enaltece la generosidad ante el egoísmo, la empatía ante el odio, la libertad ante la prohibición y la confianza ante la desconfianza. Y véase después como todo esto se derrumba en un año de gobierno con ejemplos que van de la arbitrariedad del aeropuerto y la ratificación del T-Mec, hasta la aprobación de la titular de la CNDH. La proclama de su Estado de bienestar cae al pasar por encima del Estado de derecho e imponer su estado de ánimo.

Es verdad que el modelo neoliberal no ha sido el mejor que hemos tenido, que ha resultado hasta inmoral sí, pero solo a condición de aceptar que no es solo con un decálogo de valores como se puede generar crecimiento económico y desarrollo sociocultural. Por tanto, su receta resulta homeopática para el difícil momento que atraviesa la cultura en general y los gestores culturales en lo particular.

En contraste con la visión plasmada en la economía moral del presidente, un estudio reciente relacionado con la actividad artística en 2019, elaborado por la Unesco, además de reconocer una vez más que en el corazón de las industrias culturales y creativas hay personas, señala con preocupación la precariedad de los artistas y profesionales de la cultura que innovan, inspiran, entretienen y cuestionan las normas, y cuyas obras infunden nuevas energías a la sociedad y a la economía: "Si bien la importancia de la música, los libros y las películas en nuestras vidas puede parecer clara y evidente, el esfuerzo que implica la fabricación de estos productos sigue siendo poco reconocido y mal remunerado"[5]. En este nuevo estudio denominado *Cultura y condiciones laborales de los artistas,* el organismo revela los desafíos persistentes y emergentes a los cuales se enfrentan los artistas y profesionales de la cultura[6]. Examina la forma en que los países de todo el mundo abordan estos temas a través de la elaboración de políticas culturales. Dicho estudio se basa en la encuesta global cuatrienal realizada en 2018 sobre el

---

[5] Igualdad de derechos, no derechos especiales: un nuevo estudio reclama mejores condiciones de trabajo para los artistas. Disponible en: https://es.unesco.org/creativity/news/igualdad-de-derechos-no-derechos-especiales-nuevo.

[6] Lanzado el 21 de noviembre como parte de sériela colección Políticas e Investigación, el estudio fue financiado por el Programa UNESCO-Aschberg para los Artistas y los Profesionales de la Culturas y consolidado por la Secretaría de la Convención de la UNESCO de 2005 sobre la Protección y Promoción de la Diversidad de las Expresiones Culturales, un instrumento legal clave que promueve el desarrollo dinámico e inclusivo del sector creativo, incluyendo la promoción de los derechos de los artistas. A través de dos instrumentos internacionales innovadores, la Recomendación de 1980 y la Convención de 2005, la UNESCO continúa abogando por un mundo en el cual las expresiones contemporáneas, artísticas y diversas, símbolo de una democracia saludable, iluminen nuestras vidas y estimulen nuestras mentes. Los artistas no desean derechos especiales, sino igualdad de derechos.

impacto de la *Recomendación de 1980 relativa a la Condición del Artista*, diseñada para hacer un seguimiento estratégico de los avances e identificar las tendencias emergentes relacionadas con la condición del artista[7].

Señala también que las condiciones dignas en los artistas están lejos de ser una realidad, por lo menos en el corto y mediano plazo. Subraya más particularmente la desigualdad de género en las actividades culturales, con aproximadamente 28% de las trabajadoras empleadas a tiempo parcial, en comparación con el 18% de sus colegas masculinos. Esto tiene un impacto negativo a largo plazo en el bienestar económico y social de las profesionales de la cultura: el empleo contractual, independiente o intermitente da como resultado contribuciones tributarias más bajas, lo que conduce a un menor acceso a la seguridad social, a los dispositivos de protección social y a las pensiones.

No debemos olvidar que México es compromisario de los instrumentos que promueve la Unesco. En este sentido, es importante señalar que al momento de reconocer el papel esencial del arte en la vida y en el desarrollo de los individuos y de la sociedad, los Estados Miembros del organismo tienen el deber de proteger, defender y ayudar a los artistas y su libertad de creación. Es precisamente lo que establece la *Recomendación 1980 relativa a la Condición del Artista*, adoptada ese mismo año: mejorar la condición profesional, social y económica de los artistas. Por ello, conmina a los Estados Miembros a

---

[7] En dicho estudio fueron recibidas más de 90 respuestas de Estados Miembros de la UNESCO y organizaciones no gubernamentales.

adoptar "las medidas necesarias para que los artistas disfruten de los mismos derechos (...) conferidos a un grupo comparable de la población activa en materia de empleo, de condiciones de vida y de trabajo", incluyendo medidas relativas a los ingresos, la seguridad social y las condiciones fiscales especiales, tomando en cuenta "la naturaleza intermitente del empleo y las marcadas variaciones en los ingresos de muchos artistas".

Sin embargo, es lamentable observar que el citado estudio, a casi cuatro décadas de su adopción, sigue registrando que las condiciones laborales y la garantía en general de los derechos de los artistas están lejos de ser una realidad plena.

Así las cosas, trabajar juntos para retribuir de manera justa el trabajo creativo, es una de sus conclusiones, pues reconoce algunos avances en este ámbito, a partir de que en todo el mundo se vienen impulsando iniciativas para diseñar nuevas leyes de derechos de autor y medidas fiscales en el sector para afrontar las necesidades de los artistas en el entorno digital. Comienzan a registrar políticas innovadoras mediante las cuales los gobiernos están avanzando para remunerar a los artistas de manera justa[8].

Una de las observaciones de este estudio más interesantes, bajo mi punto de vista, es que los artistas no desean derechos especiales, sino igualdad de derechos. Es un primer paso

---

[8] El estudio también revela la existencia de programas en el hemisferio Sur que extienden los beneficios sociales a los artistas, hasta la seguridad social, pensiones y seguro de desempleo. De tal forma que es la primera vez que los artistas en las industrias culturales y creativas emergentes tienen derecho a beneficios tan tangibles e integrales. Este precedente puede alentar a otros países a ofrecer protecciones sociales que tengan en cuenta las características especiales del trabajo artístico, caracterizado por el empleo intermitente y las fluctuaciones en sus ingresos.

que permite reconocer que la condición de los artistas está directamente relacionada con una gran diversidad de temas, y por tanto la elaboración de políticas culturales encaminadas a reforzar sus derechos sociales y económicos no es una tarea sencilla. Contrariamente a lo que ellos suelen pensar, crear una política cultural de esta naturaleza, a menudo produce resultados fragmentados e insuficientes. Lo vemos a menudo en la Ciudad de México, todo por autodenominarse la ciudad de los derechos. Tomárselo en serio comporta, además de un firme compromiso político, la cooperación transversal de todas las áreas involucradas, a saber, las secretaría del trabajo, desarrollo social, cultura, educación, comunicación, turismo, relaciones exteriores y economía. El estudio señala esto como una prioridad debido a que los creadores del sector artístico enfrentan en este momento las amenazas generadas por las tecnologías digitales, la restricción de la movilidad transnacional, la ampliación de la brecha de género y los ataques a la libertad artística.

Por todo esto, el llamado a implementar una economía moral, en lugar de ver estrategias de crecimiento y desarrollo comparado, no es una buena noticia.

De la promoción a la gestión

Una de las primeras preguntas que me hice antes de escribir este despalabro fue la de, en qué momento habíamos pasado de la promoción cultural a la gestión. Es decir, si hubo una especie de concenso, carta, documento, manifiesto etc. Entre otras cosas porque lo que planteo en todo caso es un tercer momento en el desarrollo de esta profesión en ciernes. Pasar del Gestor Cultural al Agente Cultural. Sin más ambición que proponer la adopción de una nueva mirada enmarcada en competencias profesionales y mediáticas a desarrollar por tramos responsabilidades, reconociendo alcances y limitaciones.

Platicando con el colega Carlos Villaseñor, que de esto sabe mucho, intercambiamos ideas acerca de esto que hoy conocemos y denominamos Gestión Cultural. Coincidimos en que comenzó a manera de oficio; un oficio que se ejercía por afición, que con el paso del tiempo dio pie a toda una tradición dentro de la administración pública. La tradición de la promoción cultural, como bien comenta. Enmarcada en las casas de la cultura, donde se solía tener promotores que no gerenciaban nada en realidad, antes bien, se limitaban a promover los eventos artísticos y culturales que recreaban de la mejor forma posible los elementos de identidad de cada localidad. Coincido con Villaseñor en que no gerenciaban nada porque tenían la mesa puesta: la casa de la cultura o cualquier otro espacio cultural en el que trabajaban, la luz pagada, los servicios básicos para funcionar y en el major de los casos, hasta vigilancia. Todo a cuenta del ayuntamiento, de la administración estatal o la federación.

Por esa razón quizá el área que más comenzó a desarrollarse fue la del administrador, antes incluso que la de promotor, como atinadamente señala. Ese personaje que hacía básicamente una relación y comprobación de los gastos por los eventos realizados en dichos espacios.

De acuerdo con Blanca Brambila (2015), investigadora de la Universidad de Guadalajara que ha dado puntual seguimiento a la formación académica de los denominados Gestores Culturales, el primer diplomado que ofreció el área de extensión universitaria de dicha universidad, fue en Animación Cultural a mediado de los noventa. No sin advertir que ya a principios de esa década la Universidad de Colima había impartido uno con estas mismas características[9].

Por ella y otros colegas, sabemos que en el año 2000 la Dirección de Descentralización del entonces Conaculta, fue transformada en la Dirección de Vinculación Cultural, que abrazó el Programa de Capacitación Cultural. Desde ahí se puso en marcha el Sistema Nacional de Capacitación y Profesionalización de Promotores y Gestores Culturales.

Al año siguiente, lo anteriormente señalado cobró forma en el marco del congreso internacional de gestión cultural, celebrado en el Centro Cultural Cabañas de la ciudad de Guadalajara. En dicho congreso se deslizó la idea de adoptar el término Gestores Culturales en lugar de Promotores Culturales. En este marco Alfons Martinell presentaba el programa Iberformas. Vendría finalmente la sistematización en la formación de los ya bautizados Gestores Culturales, a través de las diplomaturas, licenciaturas y maestrías, a la par de publicaciones especializadas, mención especial merece aquí la Editorial Intersecciones, creada e impulsada por José

---

[9] Los interesados en ver el origen desarrollo de la formación de los denominados Gestores Culturales, pueden ver el libro de la citada autora Formación profesional de gestores culturales en México, editado por la Universidad de Guadalajara. En este trabajo hace un exhaustivo análisis que va de los primeros programas de formación para el personal cultural en el país, hasta el Sistema de Capacitación Cultural, pasando por la educación continua especializada en gestión cultural.

Antonio Mac Gregor y su equipo de trabajo desde el Consejo Nacional para la Cultura y las Artes.

A 20 años del inicio de la profesionalización de esta profesión aún en ciernes, y contrario a lo que se podría esperarse, me atrevo a decir que si bien ha formado académicamente a miles de gestores desarrollando importantes líneas de investigación, ha disparado al mismo tiempo una suerte de afición por todo. Una especie de Monsilogía mal llevada[10]. En parte, creo que se debe a la emocionalidad que despierta el arte y la cultura, y a que la gestión está demasiado asociada a la gerencia, y no es lo mismo gerenciar que promover. Esto ha derivado en una precariedad laboral, que más allá de concebirla como una condición pasajera, se ha adoptado como modelo de gestión.

Es recurrente ver que cuando un gestor encuentra empleo, lo primero que suele hacer es saldar las deudas contraídas del periodo en que estuvo desempleado. Siempre al borde del acantilado, la precariedad los lleva a buscar trabajos alternativos e incluso a cambiar de vida, pero sin dejar de asumirse en ningún momdento como Gestores Culturales. Por eso suelen tener más afición que tino. Estamos ante una situación parecida al pez que se muerde la cola, el precariato los lleva a diversificarse y ofrecer cualquier cantidad de servicios, sabiendo que se es bueno en una sola cosa, en lo que en realidad sabe hacer. De ahí la importancia de reconocer los alcances y las limitaciones en un esquema de tramos de

---

[10] El término es de la Dra. Rossana Reguillo, quien en alusión a Monsiváis, dice que esta es una rama del saber que estudia todo, y todo lo convierte en objeto de saber.

competencia y responsabilidad. De lo contrario ¿Qué sucede con el empleador? Dispuesto a pagar siempre menos va en busca de quien cobra más barato hasta que se junta el hambre con las ganas de comer. Esto termina abaratando, no solo a los Gestores Culturales, sino a la profesión misma.

Por esa razón es que apuesto por la formación en competencias, independientemente de la posibilidad de pasar o no de la figura del gestor al promotor que enmarca esta idea. Es decir, sin carta, declaración o manifiesto alguno. Se trata de que se los gestores se vayan asumiendo y formando como Agentes Culturales, en competencias profesionales y mediáticas, asimilando los tramos de responsabilidad y competencia, conscientes de sus alcances y limitaciones en este amplio terreno del arte, la cultura y los derechos culturales. Solo así comenzarán a dignificar su profesión dentro del amplio ecosistema cultural.

Un prefijo que nos define

Derrick De Kerckhove relata una experiencia interesante en un texto titulado *La piel de la cultura*. Cuenta la forma en que se sometió a un experimento hace ya más de 20 años, que consistía en colocarse frente a una computadora mediante varios dispositivos colocados en su piel, uno en particular a su dedo izquierdo para medir la conductividad cutánea, otro en la frente para examinar la actividad cereblral, un tercero en la muñeca izquierda para registrar el pulso y un último sobre el área del corazón con el propósito de controlar la circulación. Asimismo, un *joystick* en la mano izquierda. Presionándolo hacia delante y hacia atrás podría indicar si me gustaban o desagradaban las imágenes que exponían. Los organizadores del proyecto, abandonaron el laboratorio y quedó solo en la sala.

Derrick señala que lo que vio fue un típico menu de imágenes a un ritmo rápido, en el que había sexo, publicidad, noticias, debates, sentimentalismo y tedio. Los cortes eran de alrededor de 15 segundos, un estandar medio, él como crítico instintivo encontraba dificil mantener el ritmo con el *joystick*. Al final del experimento que duró alrededor de 20 minutos, decía sentiurse frustrado por no haber podido expresar algunas debiles aprobaciones y desaprobaciones. Se quejaba de que en muchas escenas no había tenido tiempo suficiente para expresan nada en absoluto. Sin embargo, cuando los encargados del experimento rebobinaron la cinta y revisaron los gráficos impresos, vieron cada golpe y cada cambio de imagen grabadas por un sensor u otro e introducidas en la computadora. Constataron los densos perfiles de los gráficos que correspondían con su conductividad cutánea, el pulso, los latidos del corazón, así como las racciones de su frente. Esto es, mientras que él se esforzaba por expresar una opinión mediante el *joystick,* todo su cuerpo había estado escuchando, observando y reaccionado instantáneamente[11].

Hay que decir que al respecto McLuhan ya observaba desde finales de la década de los sesenta, al ser humano como un ecosistema en el que las tecnologías que utilizaba de manera preferente lo modificaban necesariamente de formas diversas. Hablaba de manipulaciones de elementos

---

[11] Véase a Joán Ferrés en Las pantallas y el cerebro emocional. Gedisa 2014

técnicos, otras manipulaciones de procesos intelectuales. En este sentido sostenía que la influencia de las herramientas culturales no se manifestaba solo a nivel físico o perceptivo, sino también a nivel mental. Las imágenes, por ejemplo, no fluyen, decía, en aspectos epidérmicos de la mente humana, como los conocimientos, sino que modelaban nuestras estructuras de pensamiento, el leinguaje y el conjunto de nuestra personalidad: "Es en ese sentido que puede hablarse de las tecnologías como extensiones del cuerpo humano. Cualquier prolongación o extensión, sea de la piel, la mano o del pie, afecta a todo el complejo psíquico y social"[12].

Cabe señalar que tanto el estudio al que se sometió Derrick De Kerckhove, como las observaciones de McLuhan, sentaron bases importantes para los estudios del cerebro y el florecimiento de campos como la neurociencia, que han conducido a otros como el neuromarketing, la neuroeducación etc. Hoy lo *neuro* es un prefijo que nos define. Por ello es importante ser capaces de controlar las emociones en esta y en todas las actividades que realizamos. En este sentido, tan importante es el salario emocional como el económico.

Como sabemos, la década de los noventa es conocida como la década del cerebro, por la enorme cantidad de estudios y descubrimientos sobre su complejo sistema. Para hacernos una idea, consideremos el hecho de que se ha sabido más en esta década sobre el funcionamiento del cerebro, que a lo

---

[12] M. McLuhan 1969. Citado por Joan Ferrés 2000 en Educar en una cultura el espectáculo. Editorial Paidós.

largo de toda la historia de la humanidad. Dichos estudios han configurado el prefijo "neuro", que nos instala ante las puertas de una nueva cultura. Una cultura basada en el cerebro, como apunta Francisco Mora (2017). Esta nueva cultura, la neurocultura, está produciendo una reevaluación de las humanidades y de cómo nos concebimos a nosotros mismos. Hablamos ya de neurociencia, neuroeducacion, neurofilosofía, neoroéteca, neurosociología, neuroeconomía, neuroestética, neuromarketing etc. Estamos ante la entrada de la ciencia en general y la neurociencia en particular; en el mundo de la cultura, lo que nos ayuda a entender mejor al ser humano.

Esta revolución cultural ha llevado a especialistas como el profesor Francisco Mora Teruel a sostener que tanto Platón como Aristóteles estaban equivocados, respecto a que el ser humano era un ser racional, pues hoy sabemos que es un ser emocional. Para Mora Teruel la supervivencia de la propia especia está en la emoción. De ahí su afirmación sobre el mundo que vemos, que es en realidad el que construimos con nuestro propio cerebro. Podríamos decier, en términos Keynesianos, que las emociones son el motor principal de las decisiones, Keynes se refería a las decisiones empresariales. En el caso que nos ocupa, podríamos explicar cómo la emocionalidad es capaz de llevarnos a sostener el precariato como modelo de gestión.

El gestor cultural es un agente altamente sensible. Por ello quizá más emocional que el resto de profesionistas, ya por su formación, sus experiencias, vivencias, o bien, por su porfiado amor, aprecio y respeto al arte y la cultura. No lo sé. Pareciera que en efecto, el mundo que ve es el que construye. Por tanto, ve en el salario emocional un saalario económico y en el precariato un modelo de gestión sostenible.

Rentabilidad y valor emocional de los bienes y servicios culturales

Los bienes y servicios culturales tienen un alto valor emocional entre los ciudadanos, consumidores, presumidores, produsuarios y perfilados. Ya porque reconocen su proceso artesanal en la mayoría de los casos, porque recrean nuestra identidad cultural, por dar de comer a nuestras improntas mentales, porque fortalecen el lazo social o porque detonan lo que tenemos en común con los demás. Yo creo que por conferir un cierto estatus de consumidores culturales, en oposición a los bienes y servicios "comerciales". Es decir, por representar una Moneda Social, en términos de Douglas Rushkoff (2007). Esos bienes a los que solemos ver con desdeño, pero que tienen una mayor presencia en el mercado y por ende, la atención estatal a la hora de conmemorar el aniversario de la ciudad o la festividad de esa fecha importante, puesto que congregan una cantidad mayor de ciudadanos que cualquier acto de base cultural[13].

El simbolismo que encierran los bienes y servicios culturales, es lo más parecido a una fuerza motora interna tan fuerte que solidariza. Generan una solidaridad mecánica.

---

[13] Me refiero a que estos eventos suelen tener una base histórica conmemorativa que por supuesto también es cultural, pero a los de base cultural me refiero a festivales musicales, bienales de arte, conciertos, recitales etc. Aquí el Efecto Baumol hace de las suyas.

Dicha fuerza imanta a los agentes culturales que dejan la piel en su promoción y difusión. Gabriel Zaid (2013), en *Dinero para la cultura*, enumera con precisión las cinco fuentes de financiamiento para la cultura: el sacrificio personal, la familia, los mecenas, el mercado y el Estado. No creo exagerar si digo que las dos primeras están cimentadas en el salario emocional. Nos dice que todas pueden liberar o esclavizar, aunque de maneras distintas, al mismo tiempo que firma que las circunstancias pueden ser pueblerinas, como en la pintura de Hermenegildo Bustos, o mediáticas, como en las canciones de los Beatles, con resultados económicos muy distintos, pero secundarios. Sentencia que Bustos y sus vecinos alcanzaron en sus retratos una plenitud semejante a la que alcanzaron los Beatles y su público. Aquí el punto es cómo se quiere alcanzar esa plenitud hoy. ¿Que a qué me refiero? Veamos:

Los agentes culturales pasan todo el año trabajando en condiciones paupérrimas haciendo del precariato un modelo de gestión, como las hormigas al hormiguero. Esto porque las instituciones culturales y ahora la economía moral no ofrecen mejores condiciones. Sin embargo, llega el aniversario de la ciudad, del estado o bien, una festividad nacional relevante, y de inmediato reciben la orden de contratar a una cartelera de artistas e intérpretes comerciales, taquilleros; de esos que llenan plazas y abarrotan escenarios. En ese momento, el gobierno decide pasar por encima de la maltrecha política cultural, para colocarse en el lado positivo del escenario social y obtener la mejor de las selfies. Lo hace recurriendo a las desafinadas bandas, al regetón, a los actores y actrices televisivos, y no propiamente a sus grupos artísticos y culturales. El presupuesto invertido en este tipo de festivales, representa una de las mayores partidas de la institución cultural. Por tanto, en lugar de dignificar el papel de los agentes culturales, la política cultural, sus instituciones culturales y generar programaciones conjuntas e impulsar talentos locales en esos momentos importantes para los ciudadanos, opta por comprar un paquete de eventos comerciales de alta popularidad para ver saltar a la gente en el kiosko. Su razonamiento pareciera ser ese de, siempre será mejor tener 20, 000 apersonas reunidos un día, en una plaza, que 20, 000 visitantes en un museo a lo largo de seis años.

El salario emocional de la cultura

Para efectos de este trabajo entenderemos por "salario emocional" esas condiciones que permiten desarrollarnos plenamente en lo laboral y lo personal, basadas en la conciliación, la formación, una jornada laboral flexible, las vacaciones y teletrabajo. En el caso de los empleados de una empresa, se ha comprobado que el hecho de permitir trabajar dos días desde casa para conciliar la vida laboral y la familiar -sin poner en peligro la productividad de la empresa- ha generado un mayor rendimiento y una mejor productividad. La gente valora mucho el tiempo libre.

En el terreno que nos ocupa, la Gestión Cultural, hablamos de agentes que ya de suyo trabajan en casa debido a que el precariato que suelen adoptar como modelo los ha instalado ahí. Al menos que trabajen para una instancia pública, o en algunos casos, que son los menos, para instancias privadas. Aquí los incentivos emocionales son, por ejemplo, ver su nombre bien puesto en un proyecto, hacer que las cosas sucedan, saber que lo que hacen va tener un impacto sociocultural que van a poder compartir en redes e incluir en su portafolio de actividades. Algunos lo llaman "granito de arena", otros "amor al arte" y hay quienes, en un arranque de idealismo, lo justifican más profesionalmente bajo la denominación de actividad "probono", quizá porque suena sexy, *cool* y hasta empresarial. Son empresarios social y culturalmente responsables.

Lo cierto es que esta actitud de dar y aportar ha hecho del precariato, no una etapa en el desarrollo de los Gestores Culturales, sino un modelo de gestión insostenible. El problema es que no parece ser coyuntural, sino estructural y para ello siempre viene bien la terminología del momento. Hoy se habla de emprendurismo. Recuerdo que un gran amigo y colega de Zacatecas me comentó profundamente indignado que lo habían invitado a dar una conferencia en Aguascalientes sobre emprendurismo cultural. El problema era que quienes le invitaban le advertían al mismo tiempo que tenían recursos para pagarle la conferencia, que solo estaban en condiciones de poder apoyarle con los traslados, el hospedaje y los alimentos. De manera acertada y ejemplar se negó a participar con el mejor de los argumentos. No puedo, les dijo, dar una conferencia sobre emprendurismo cultural, sino soy capaz de cobrar por ello. Quienes aceptan estas condiciones, caen en el supuesto del sociólogo portugués Bonaventura de Sousa Santos: El emprendurismo le da glamour a la precariedad. Trabajan en condiciones precarias, pero con el mote de emprendedores.

Ahora bien, como decía anteriormente, existe un prefijo que nos define y nos ayuda a entender que el ser humano no es lo racional que se creía con Platón y Aristóteles, sino un ser emocional. Así lo ha demostrado la neurociencia, en grado tal que nuestra supervivencia depende más que nunca de la emoción, el motor principal de las decisiones. Estas emociones son las que nos hacen ver la cultura como una chimenea a la que llegamos todos los días a calentarnos las manos, es decir, a contar lo que estamos haciendo por amor al arte.

En un artículo reciente, titulado Historias de Peté, Mario Vargas Llosa narra la intriga que le generó un primo lejano de nombre Pedro, quien le solicitó una entrevista. Prominente estudiante, orgullo de la familia Llosa, dueño de una vivacidad natural que lo llevó a obtener una beca para estudiar en una de las más prestigiosas escuelas la carrera de economía. La entrevista fue solicitada una vez graduado con honores y habiendo obtenido un buen contrato en un banco. El Nobel, intrigado, le concedió la entrevista. En ella, el ecónomo le confesaría una vieja inquietud. Se había equivocado de profesión y quería verbalizarlo con alguien que pudiera entender que no quería ser economista y mucho menos banquero, sino escritor. Esto llevó al novelista a imaginarse sentado en el banquillo de los acusados rodeado de la parentela Llosa en todos los grados recibiendo reclamos. En vano trató de persuadirle diciendo que no tenía futuro en la literatura; que el salario en el mundo de las letras no era ni por asomo comparado al del mundo financiero. Sin embargo, según nos dice, de eso vivió el resto de su vida, de su escritura.

Esta anécdota me lleva a decir en descargo de Peté, que en la actualidad ninguna profesión garantiza estabilidad económica, que hoy la escuela quita más de lo que ofrece; que nunca como antes las ciencias exactas habían estado tan de la mano de las humanidades. En este sentido, el arte y la cultura en términos de promoción y consumo, son cada vez más algorítmicos. Depende del Gestor, si quiere seguir viviendo de un salario emocional u optar por convertirse en un Agente capaz de desarrollar estrategias de gestión cultural, basadas en algoritmos.

UNA ORDEN MENDICANTE

Alguien me podía decir que los denominados Gestores Culturales viven de promover y difundir el arte y la cultura, de impartir cursos, dirigir y atender museos, galerías e instituciones públicas y privadas. Sin embargo, una gran mayoría, la que está fuera de las instancias de gobierno, difícilmente llega a fin de mes. No solo no vive de lo que hace y tiene que buscar siempre una actividad alternativa, sino que cuando la encuentra y cuenta con un ingreso fijo, lo utiliza para sostener la afición de lo que realmente le gusta. Ninguna profesión en el país como esta, que pese a estar en ciernes, contar con los peores apoyos presupuestales, está cada vez más preparados para hacer de tripas corazón, para hacer que las cosas sucedan, está siempre dispuesta a sacar el pecho por un salario emocional.

"Qué bonito es ir a una exposición o a una obra de teatro, pero pocos ven que eso lo sustentamos artistas que siempre contamos moneda por moneda", dice la bailarina Argelia Guerrero, al mismo tiempo que advierte: "No somos seres etéreos que no pagan cuentas. Somos artistas precarizados[14]". Datos recientes publicados por El Economista, nos dicen que existe un gran desconocimiento de lo que implica ser trabajador del arte, sector donde el 80% tiene un segundo empleo, del que provienen sus principales recursos y acaso la seguridad social, según el economista Ernesto Piedras, quien subraya que la cultura vale por sus componentes estéticos, sociales, de cohesión. Pero su dimensión económica también es muy grande.

El trabajo artístico requiere de tiempo para reflexionar, estudiar, investigar, ensayar y recrearse, dice la actriz Sophie Alexander. Pero tomarse un espacio para todo eso, "sin preocuparse por llenar el refri, es un lujo que pocos se pueden dar". El capital humano en el sector cultural y del arte no sólo genera valor, sino también productividad, el doble del promedio nacional, asegura Ernesto Piedras. De acuerdo con Nomismae Consulting, dedicada al análisis económico de las industrias culturales y dirigida por él, 3.6% de la población económicamente activa se emplea directa o indirectamente en este sector. "Y ese porcentaje de personas produce 7.4% del PIB en el país".

En el caso de la mayoría de los bailarines es que sobreviven de la docencia, como refiere Argelia Guerrero, cofundadora de la Unión Nacional de Trabajadores de la Danza. En la pintura, también la enseñanza es un camino, pero se gana entre 95 y 150 pesos por hora, asegura la artista plástica Cecilia Barreto,

---

[14] Precariedad laboral alcanza a los artistas en México. https://www.eleconomista.com.mx/arteseideas/Precariedad-laboral-alcanza-a-los-artistas-en-Mexico-20190929-0063.html

quien señala que muchos se emplean como diseñadores gráficos o hacen retratos por encargo, "de la abuelita o de un alcalde". Otra fuente de empleo es en restaurantes y hoteles para decorar espacios.

En la música las cosas no son diferentes, el baterista Pedro Avendaño cuenta que ha tenido que diversificarse más allá del soul y el rock, géneros que le apasiona. Aprendió por ello a tocar el "versátil" en bodas, XV años y todo tipo de ocasión. Cuenta que en los bares chilangos la paga por noche va de 500 a 700 pesos. En tanto que en Chiapas, donde ahora reside, necesita tres noches para llegar a ese sueldo.

En el terreno de la actuación, el doblaje y los comerciales son la alternativa. Y de los tres campos de empleo habitual, cine, teatro y televisión, es esta última donde más se puede ganar, según Sophie Alexander.

Como siempre se ha sabido, en el cine comercial los salarios son mejores que en el independiente o experimental. Lo mismo que en el teatro, como bien menciona, debido a que el Estado no los considera generadores de recursos. Por lo tanto los apoyos son mínimos. Estos testimonios que recoge el diario El Economista, retratan una generalizada situación en los creadores. El reproche que suelen hacer es que pese a generar riqueza económica y cultural al país, no cuentan con seguro de salud, prestaciones ni ahorro para vivienda o pensión.

Por supuesto que no deja de ser injusto, si consideramos su formación y especialización en diplomaturas, licenciaturas y maestrías, en áreas que van de la antropología a la sociología, y de estas a las políticas culturales, a la legislación, la economía creativa, el marketing cultural, consecución de fondos, emprendurismo etc. Es decir, tiene un perfil completo para incidir, ya desde instituciones culturales públicas o privadas, o bien desde la sociedad civil organizada, como cualquier otro profesionista, solo que a diferencia de otros profesionistas que puede cambiar fácilmente de profesión o actividad, el Gestor Cultural es incapaz de hacer algo así. Es fiel al hormiguero.

No son pocos los padres de familia o tutores que piensan como el Nobel peruano, pero por cada uno de ellos parece haber varios como el primo; sólo así se explica la inversión, el entusiasmo y la entrega de los Gestores Culturales a su salario emocional. Tengo la suerte de conocer a cientos de ellos en todos los estados de la república, ya por haber coincidido en algún curso, haber asesorado algún proyecto, compartido material bibliográfico o bien, por afinidad de temas y líneas de investigación. Puedo decir que son de verdad entregados. Que su porfiado amor por México los lleva a actuar con más pasión que tino. A veces pienso que deberían querer menos al país, pero serían incapaces de algo así. Es mejor que se preparen en nombre del país.

No es exagerado, no por lo menos para mi, comparar a los Gestores Culturales con una orden mendicante. Una orden que asume que no pueden acumular bienes, que trabaja de sol a sol por la realización de una puesta en escena, la grabación de un disco, un cortometraje, la publicación de un libro, una exposición y todo aquello que los mantiene unidos en torno a ese ideal superior que los lleva a realizarse como creadores y contribuir, mediante el arte y la cultura, al mejoramiento de la comunidad. Por increíble que pueda parecer, a menudo observo que ver su nombre bien puesto en la realización de un proyecto, indivudual o colectivo, es más importante que mantenerse alejado del acantilado. No es casual que Vasconcelos se inspirara en los franciscanos para impulsar las denominadas Misiones Culturales.

Pues sí, como orden mendicante, bajan al centro del pueblo (al gobierno) o visitan a algún terrateniente (empresario) para solicitar apoyo para la realización de algún proyecto. Suelen tener su propio huerto, venden lo que producen con un lenguaje medianamenmte emprendedor utilizando adjetivos tales como artesanales, alternativos, sustentables etc. No es gratuito tampoco que este gobierno haya adoptado un lenguaje agrícola para acentuar su política cultural bajo el paraguas de Cultura Comunitaria. Una política diametralmente opuesta a lo que venía haciendo ProMéxico y el Instituto Nacional del Emprendedor, antes de que los desaparecieran. Opuesta también a programas como Pueblos Mágicos o al museo dedicado a la promoción del arte que tenía proyectado la Secretaría de Economía. Y qué decir de la cancelación de las exposiciones internacionales o la instrucción a la directora del Imcine de que regrese de Canes y tantas acciones más tan medulares como la salud pública, que llevaron a renunciar al Secretario de Hacienda antes de la anunciada economía moral. Así, poco podrán hacer los Gestores Culturles, como no sea entonar cantos gregorianos en los jolgorios y las verbenas.

LOS DISTRACTORES EMOCIONALES EN LA GESTIÓN CULTURAL

Los distractores institucionales y la falta de contexto en la elaboración de políticas culturales, han caracterizado por años a la denominada comunidad cultural. Desde el 1 % del

PIB a la cultura, la seguridad social para artistas, la excepción cultural y el sofisma de sacar la cultura del TLCAN y del TMEC, mejores cuotas de pantalla para el cine etc… Y más recientemente, leyes específicas. En la Ciudad de México un grupo de gestores entusiastas vienen promoviendo una Ley de Espacios Independientes. Existen ya seis leyes relacionadas con la actividad cultural en esta ciudad, en dos de ellas, la de espectáculos públicos y la de fomento a la cultura, podría establecerse un capítulo para enmarcar los denominados Centros Culturales Independientes. Sin embargo la legisladora Gaby Osorio quiere una Ley. Hay legisladores que consideran que sus ideas están inspiradas en la necesidad del pueblo, y no admiten otro tipo de ordenamientos. Sus ejercicios plebiscitarios están bien, pero estarían mejor si tuvieran diagnósticos y análisis sobre la pertinencia de sus ideas. Por esa falta de pertinencia la Constitución de la Ciudad de México, acabó en un catálogo de reivindicaciones.

Entiendo que una de las principales razones por las cuales desean hacer una ley de espacios alternativos, es que la burocracia existente los asfixia y no les deja operar. Vamos, les da un trato de bar, cantina, centro de espectáculos etc. Sin embargo, están creando otra burocracia quizá sin darse cuenta. ¿Para qué crear una séptima ley? Plantean además crear una ventanilla única de atención sin detenerse a pensar que eso es discriminatorio. Pretenden también solicitar una carta de buena conducta vecinal a estos establecimientos, sin saber lo burocrático que resulta y los problemas que genera. Y el colmo, proponen la creación de un consejo consultivo…Lo dicho, condenan la actual burocracia, pero generan otra.

Más allá de pensar en nuevas formas de emprender un negocio a partir de lo que saben hacer, invierten una cantidad preciada de tiempo tratando de hacer una ley, sin ponerse de acuerdo en los conceptos fundamentales, no saben cómo denominar a estos espacios, si independientes o alternativos, por ejemplo. Hasta donde sabemos, hay un común denominador en ambas denominaciones, y es que no solo esperan el reconocimiento de su existencia con esta suerte de acta de nacimiento que proponen, con la venia de los vecinos y del consejo, sino también apoyos económicos. Es verdad que no existe una licencia específica ¿Por qué no trabajar en ello? Quienes optan por denominarlos espacios independientes, albergando la idea de obtener apoyos económicos del gobierno, encarnan bien la paradoja del hijo que va de independiente, pero desayuna, come y cena en casa de los padres. Deberían saber que una ley es de observancia general, y este marco podría beneficiar a unos establecimientos más que a otros, ya por sus características, metros cuadrados etc... como por su actividad. Estos denominados ECI, por lo que hemos podido observar en artículos y estudios de algunos colegas, no están presentes en todas las alcaldías de la ciudad. Por lo tanto, su creación y regulación, podría hacerse desde cada una de las alcaldías donde se encuentran. Un reglamento diputada Osorio. Pero no, insiste en la aprobación de una ley más, quizá para que se vea más grande el tamaño del compromiso con este sector. Un distractor más para los agentes culturales, que seguro verán gratificado su esfuerzo con un salario emocional, porque la efectividad de la norma deja mucho que desear.

Por más de dos décadas he visitado las diversas capitales del país y sus aún más diversas comunidades, gracias a la cultura. Me siento afortunado por ello. Cursos, seminarios, talleres, debates, foros, presentaciones de libros, mesas redondas, laboratorios, observatorios, conversatorios etc. Analizando, debatiendo y dando más vueltas que forma a las bases, líneas, teorías y fundamentos de la denominada Gestión Cultural; y no dejo de constatar dos cosas. Por un lado, el gran entusiasmo que despierta esta profesión en ciernes. Por el otro, la poca especialización en la gran mayoría de campos que abraza. A saber, diseño e implementación de políticas culturales, legislación cultural, economía creativa y emprendurismo, gestión de recursos, patrimonio cultural, turismo cultural, programación de festivales, marketing, difusión etc.

Sin embargo, contagiados quizá por la buenaondez que generan los actos fundacionales del revisionismo perspectivista que estamos viviendo en las redes socioculturales, no acabamos de dar forma a la profesionalización, cuando surgen ropuestas como esa de los encuentros de gestoras culturales (en lo personal, no imagino una gestión cultural con perspectiva de género, aunque sí a lo mejor un debate entre la pertinencia de la Tarjeta Rosa, el Vale Cultura, la economía naranja y la seguridad social para artistas mujeres...). Y qué decir de la idea de tener un día dedicado al gestor cultural. Bueno pues antes de que alguien proponga que sea de los gestores y las gestoras, comparto tres reflexiones.

Primera. Creo que debemos comenzar siendo, por lo menos, más auténticos en esta práctica, para poder ser, en efecto, más profesionales. Lo digo porque las ansias de visibilidad hacen parecer al gestor cultural una especie de legislador contemporáneo; de esos que legislan revisando las notas periodísticas cada mañana, para ver qué iniciativa presentan. Por tanto, tenemos legisladores y Gestores Culturales de ocasión, compradores de todo lo que aparece en los medios y las redes socioculturales. La economía naranja, por ejemplo, tan de moda en el BID y en Colombia, país presidido justamente por un creyente de esta etiqueta, que ha escrito algunas publicaciones al respecto. En México hay colegas que quieren adoptarla casi como la tarjeta rosa, sin detenerse a pensar que en nuestro país, esa economía para la cual eligieron el segundo color del espectro solar, se llama "empresas culturales", así está establecida en la Ley de la micro, pequeña y mediana empresa, quizá no de la mejor forma, pero sí dejando claro que son empresas que deben tener un régimen especial y muchas otras cosas más. Es así como en la reflexión académica, en los foros de gestores y promotores culturales, así como entre los abajofirmantes y mesaredonderos de la cultura nacional, se adoptan estas tendencias sin contextualizarlas a nuestra realidad cultural, jurídica y fiscal.

Así nos han venido de Colombia con la ciudadanización de la cultura, la movilidad y ahora la etiqueta de la economía naranja, de España con las industrias sin chimenea y el peso en taquilla para el cine; de Estados Unidos con las industrias del entretenimiento, de otras partes del mundo con las industrias culturales, de la Unesco con la economía creativa. De Francia nos vinieron en su momento con el mítico 1% a cultura, la excepción cultural y la ley de mecenazgo; de Brasil con el Vale Cultura y la Acupuntura Antropológica, y más recientemente de Argentina con el día del gestor cultural. Se olvida aquí lo que bien advierte el maestro Alfons Martinell, que las políticas culturales son contextuales. Se olvida también que el pensamiento mágico está peleado con la técnica jurídica y las disposiciones fiscales, y por el contrario, se hace creer a los agentes culturales que existen derechos como el derecho a la movilidad (en todo caso lo que existe es el derecho al libre tránsito), y de este falso derecho desprenden otros como el derecho a la ciudad.

Precisamente así llegó el denominado Vale Cultura a la Ley General de Cultura y Derechos Culturales, con más entusiasmo que conocimiento, ignorando nuestro contexto. Por ello, creo que es mejor comenzar a llamar las cosas por su nombre y entender las tendencias en su contexto cultural, en su marco normativo y a partir del régimen fiscal establecido. Enorme tarea para quienes participamos en estos procesos.

Segunda reflexión. Tiene que ver con esa afición a todo y especialidad en nada concreto que caracteriza a la mayoría de los denominados Gestores Culturales. Incluso a los químicamente puros, aquellos que han estudiado la licenciatura y la maestría en gestión. Algo que afecta la práctica misma de esta profesión en ciernes, puesto que solo beneficia a los empleadores de una serie de servicios relacionados con la cultura, así, en lo general. Al no haber profesionalización en las diversas áreas de la gestión cultural, quedan fuera de los encadenamientos productivos de la economía creativa. No solo no se autoreconoce como profesión, sino que se abarata el trabajo y el talento de sus agentes, en particular el de quienes se esfuerzan por dominar y desarrollar un tema en específico, porque siempre habrá un "pocholo" dispuesto a cobrar menos, y un empleador ofreciendo menos aún. Al final, en lugar de contribuir a apuntalar el hormiguero mediante la profesionalización, el Gestor Cultural tiende a hacer lo mismo que los artistas que abrazan el arteobjeto o la instalación como atajo; dejando de lado el riguroso estudio del arte figurativo. Artistas que por lo general no son capaces de dibujar un dorso o unas manos.

Tercera reflexión. Hasta donde sé, Jalisco fue el primer estado donde se constituyó un Colegio de Gestores Culturales, un esfuerzo derivado de la maestría en Gestión y Desarrollo Cultural de la Universidad de Guadalajara, una de las mejores del país en su género; incluso de las primeras en formar Gestores Culturales químicamente puros, y que se acerca ya a su décima generación. La Universidad de Sonora es sede también de un colegio denominado Colegio Mexicano de Gestión Cultural A. C. Pues bien, el problema es que no desarrollan la actividad sustancial de la colegiación que es, entre otras, la especialización a través de la actualización y certificación del conocimiento en las áreas sustantivas que componen su vasto universo.

Conozco más el primer esfuerzo, el del colegio impulsado por la maestría en Gestión y Desarrollo Cultural de la Universidad de Guadalajara, he sido parte de su claustro de profesores con la materia de política y legislación cultural. Es en este tipo de esfuerzos en los que cifro la esperanza de poder desarrollar la Gestión Cultural como una profesión, entre otras cosas porque cuenta con el respaldo de la Universidad de Guadalajara, universidad que ha desarrollado un Modelo de Gestión Cultural Parauniversitario, que es referente nacional e internacional, en cuyos eventos se han involucrado estratégicamente los egresados de esta maestría.

En su momento, el 3er. Encuentro Nacional de Gestión Cultural, celebrado en la ciudad de Mérida, bajo el título "Aportes de la acción cultural a la Agenda 2030 del desarrollo sostenible", era bajo mi punto de vista, una oportunidad magnífica para poner en el centro del análisis la profesionalización, como aportación a este horizonte estratégico, en lugar de armar esa vitrina interminable de experiencias desde lo local, lo comunitario, lo regional, lo universitario, lo nacional, lo global...Y lo mismo pasa con los observatorios, laboratorios, conversatorios, las propias redes de Gestores Culturales, comunitarios, universitarios, independientes, alternativos, gubernamentales, infantiles, juveniles, bioculturales, veganos... Es decir, en lugar de concretar campos específicos orientados a la profesionalización, abren el abanico a cualquier cantidad de aficiones y se echa en falta el Gestor Cultural profesional.

Insisto en la necesidad de apostar por la colegiación, iniciando por la formación antes que por la afición, la formación en competencias profesionales y mediáticas, de lo contrario la profesión seguirá creciendo (no desarrollándose) con más aficionados que especialistas.

Un estudio reciente de la Organización de las Naciones Unidas para la Educación, la Ciencia y la Cultura, que lleva por título *Cultura y condiciones laborales de los artistas*, el organismo considera que los trastornos generados por las nuevas tendencias digitales en el sector creativo presentan nuevos problemas, tales como la compensación justa y la intensificación de la competencia debido a las plataformas en línea y los servicios de *streaming*. Esto representa otro obstáculo para el desarrollo de condiciones de trabajo dignas para los artistas, que se traducen en restricciones de desplazamiento de forma muchas veces imperceptibles. Por ello es necesaria la formación en competencias profesionales y mediáticas[15].

¿POR QUÉ LOS GESTORES NO TENEMOS UNA ESTRELLA EN LA FRENTE?

Uno de los incentivos emocionales más fuerte entre los Gestores Culturales, es ese de promover el Día del Gestor Cultural bajo el argumento de que es necesario un reconocimiento social y una reivindicación moral, a quienes a cambio de su nombre bien puesto en un proyecto, son capaces de trabajar lo que haga falta. Del portal gestioncultural.com recojo lo siguiente:

> El 22 de Octubre es el Día del Gestor Cultural, un día perfecto para reivindicar nuestro trabajo, reflexionar sobre la situación de la profesión y poder establecer nuevas metas para el medio y largo plazo. Para ser Gestor Cultural, no es necesario un título o un máster. Gestor Cultural es todo aquel profesional, con un interés en la cultura (en todas o en una faceta específica) y que se dedica a promover, desarrollar, incentivar, planificar… proyectos culturales en ese ámbito. No importa el tamaño o el presupuesto de estos proyectos, lo que confiere al Gestor Cultural toda su esencia y razón de ser, es esa ansia de impulsar programas y espacios culturales. Retos para

---

[15] Igualdad de derechos, no derechos especiales: un nuevo estudio reclama mejores condiciones de trabajo para los artistas. Disponible en: https://es.unesco.org/creativity/news/igualdad-de-derechos-no-derechos-especiales-nuevo

el futuro: Entre los retos que destaco para el futuro del Gestor Cultural, sin duda establezco como críticos, la necesidad de Profesionalización, el Reto Digital y el Reconocimiento Social de la Profesión. Éstas son dos barreras importantes que aún están, en muchos casos, por superarse. Con un gran potencial, pero que actualmente, en muchos proyectos, son un lastre. Profesionalización: Cada vez hay más cursos y maestrías asociadas a la gestión cultural, pero cuando hablamos de profesionalización, hablamos también de un trabajo más eficiente, con menos intrusismo, un conocimiento multidisciplinar (con formación y experiencia en ámbitos tan diversos y necesarios como el Marketing, Finanzas, Gestión de Equipos...). El Reto Digital: Es una gran barrera que aún no se ha superado. Convertir Internet en un aliado para nuestro proyecto o iniciativa es clave, tanto por la potencialidad del medio, como por ser, en muchos casos, la única forma de alcanzar a muchos de nuestros públicos. Aún tenemos un largo recorrido en este campo. Reconocimiento Social de la Profesión: Aunque ya se está avanzando en este tema, es importante que la profesión del Gestor Cultural obtenga el reconocimiento social, que tenga definidas sus funciones y que seamos reconocidos por la sociedad.

Por textos como este es que hay demasiados aficionados a todo y especialistas en nada dentro de este campo. Primera observación. No sé por qué creen que hay una suerte de adeudo moral por parte de la sociedad. Segunda observación. Es un tanto irresponsable afirmar eso de que para ser Gestor Cultural no es necesario tener un título, pero al mismo tiempo llaman profesional, al que con el puro interés en la cultura le basta y sobra para ejercer todas o una faceta específica de este campo, que dicho sea de paso, es ilimitado por ellos mismos. Tercera observación. Señalan que no importa el tamaño o el presupuesto de los proyectos, pues "lo que confiere al gestor cultural toda su esencia y razón de ser, es esa ansia de impulsar programas y espacios culturales". Deduzco entonces que si no importa el presupuesto, sino el ansia de impulsar programas y espacios, tampoco importa el salario que cobre. Es decir, con el salario emocional es suficiente y le sobra.

Creo que están demasiado barcelonizados y colombianizados. Necesitamos Gestores Culturales con la sifuciente imaginación sociológica a lo Wright Mills si es necesario, y esa cualidad mental para adaptarse de lo general a lo particular a las realidades en que operan. Sobre el absurdo reconocimiento de la sociedad, solo diré que a este reconocimiento le antecede el reconocimiento de las direcciones de profesiones de los estados, la colegiación y la certificación.

Quienes me conocen, saben que no es mi estilo tratar de endulzar el oído de nadie, no ando en busca de cursos, ni materias, ni alumnos, ni seguidores en redes sociales. Digo las cosas como las veo y por supuesto puedo estar equivocado. Sigo viendo porristas mentales que desde la Gestión Cultural dicen a los gestores ¡Venga chicos vamos, sigamos construyendo universos simbólicos, tejidos sociales, ciudadanías pluriétnicas, lecturas de paisajes, nociones de comunidad, diálogos interculturales...Lo cual está muy bien, pero estaría mejor si les motivaran también a profesionalizarse, porque esa misma falta de experiencia y profesionalización que exigimos en los legisladores y al funcionarios públicos, es la misma que falta en los autodenominados Gestores Culturales.

En una ocasión Víctor Hugo Rascón Banda, en una reunión con diputados en las instalacioines de la cámara, sostenía que debía haber un esquema mediante el cual Hacienda le pagara las casetas de cobro de sus idas a Tepoztlán, porque allá era donde ejercía su oficio. Bajo esta lógica, pensé que no estaría mal que el gobierno me pagara las casetas o boletos de avión a Los Cabos, que es donde me gustaría ejercer el mío. Pues no, esto depende de la manera en que cada quien esté dado de alta ante la dependencia, como bien hemos señalado José Manuel Hermosillo y quien esto escribe. Nosotros mismos reportamos dichos pagos a Hacienda como gasto, pero no por ser creadores, poetas, artistas, gestores o agentes culturales, con un estudio u oficina en un determinado lugar, ni mucho menos por ejercer una actividad que consideramos el centro del universo, sino porque nuestra actividad profesional prevé este tipo de gastos dentro de nuestros servicios profesionales.

Estamos de acuerdo en que las actividades culturales son parte de las actividades prioritarias que debe promover el Estado, mediante estímulos y exenciones a la actividad económica cultural, como bien señala nuestra Constitución. Veamos cuáles y desde dónde se pueden ofrecer. Una vez más, Fulanizar una ley no es desde luego la mejor opción[16].

En este sentido, el peatón, ese personaje central del popular poema de Jaime Sabines, resulta acertado en esta suerte de sentimiento de pertenencia que suele aflorar entre los promotores, gestores, emprendedores, creadores y agentes culturales. Luego de asimilar que es un gran poeta, dice, o

---

[16] En el caso de la CDMX, su misma Constitución prevé la construcción de espacios colectivos, de autogestión, independientes y comunitarios de arte y cultura, para los cuales demanda contar con una regulación específica para el fortalecimiento y desarrollo de sus actividades; regulación específica en la que también considera la promoción de una contribución del sector de organizaciones no lucrativas al crecimiento económico y al desarrollo de la sociedad.

cuando menos un buen poeta, o un poeta decente y valioso, inflama su pecho de orgullo y termina asumiendo que es un gran poeta; pero, al salir a la calle y llegar a casa, cae en la cuenta de que nadie advierte su condición de poeta, y contrariado se pregunta ¿Por qué los poetas no tienen una estrella en la frente, o un resplandor visible, o un rayo que les salga de las orejas? Se enfrenta pues, a la cotidianidad y se convence de que es ante todo, un peatón.

El Estado debe ser subsidiario, y no matar la iniciativa de las personas y asociaciones supliendo sus actividades y responsabilidades. Existen actividades y esfuerzos ciudadanos que merecen ser apoyados de forma subsidiaria, generando condiciones políticas, jurídicas e institucionales, tales como los subsidios, estímulos y exenciones fiscales. En el caso que nos ocupa, es necesario generar condiciones para que las actividades artísticas y culturales se puedan desarrollar de la mejor forma posible. Podrían ser estímulos y exenciones temporales que favorezcan el emprendurismo, nuestro modelo actual de competencia económica determina la forma y el trato fiscal en que deberán materializarse dichos apoyos. Se trata de ofrecer un trampolín, no un sofá, a manera de impulso y no de subsidio a fondo perdido por el solo hecho de ser artistas, promotores o gestores.

La base desde la cual partir, la ha señalado ya José Manuel Hermosillo. El artículo 28 constitucional que, entre otros, establece que se podrán otorgar subsidios a actividades prioritarias, cuando sean generales. Esto es, que sea a toda actividad artística y cultural, de carácter temporal y que no afecten sustancialmente las finanzas de la Nación. El Estado vigilará, dice, su aplicación y evaluará los resultados. Más a favor de la sistematización de esta visión, es lo señalado por la Suprema Corte de Justicia de la Nación, que sostiene que, de la interpretación armónica y sistemática de los artículo 4° y 28 de la Constitución, así como de diversas disposiciones internacionales, existe una clara protección a los autores y artistas en relación con su obra, atendiendo a la especial naturaleza de esta, ya que se trata de la elaboración de carácter creativo que evidentemente es diferente a la producción de bienes y servicios de consumo regular. Esto es, hablamos de una actividad económica cultural, prioritaria, para la cual el Estado debe promover condiciones de desarrollo subsidiario, y no solo puntos de encuentro entre colegas, artistas, creadores y emprendedores. Necesitamos comenzar a pensar más como peatones y agentes culturales en este proceso, y no solo como poetas.

ANTE EL VICIO DE PEDIR, ESTÁ LA VIRTUD DE NO DAR

A lo largo de más de 20 años he participado en diversas reuniones entre la comunidad cultural y los servidores públicos adscritos a este ámbito. Legisladores alcaldes y gobernadores, a quienes se les ha planteado eso que suelen denominar un pliego petitorio, una especie de herencia de esa mentalidad sindical que penetró a todos los niveles del ámbito público. Otros invitan a firmar compromisos a los candidatos y otros más, a modificar o crear leyes específicas. El común denominador en estas reuniones es que no se sabe pedir. En muchas reuniones preparatorias antes de la que se celebrará con las autoridades se llega a acordar que debemos afinar la puntería y seleccionar bien los temas a tratar. Que hablen solo dos o tres personas, los más avezados para exponer el tema, por ejemplo, y sin embargo, cuando los funcionarios, que suelen ser seres más dispersos que los abajofirmantes, comienzan a hablar de sus deseos por hacer lo que nadie se ha atrevido a hacer; de que quieren dejar huella y que harán lo necesario para hacer de la cultura un motor del desarrollo, el cuarto pilar, la cuarta raíz, la cuarta transformación... todo se va al carajo. Los gestores se voltean a ver deseosos también de exponer ideas, piden la palabra, aflora el pensamiento mágico y en adelante, ya solo es cuestión de suministrar suficiente café y galletas.

Sabes que la reunión ha fracasado en el momento en que comienzan a hablar de la forma en que Francia invierte en cultura el multicitado 1 % de su PIB, como dice la Unesco, de cómo Japón apuesta por la educación desde pequeños, China por la tecnología del 5-G; del trato que da Canadá a su industria cultural, y la manera en que Colombia viene impulsando la etiqueta naranja en su economía. En la segunda hora, cómo es que Argentina tiene una ley de espacios independeintes y celebra el Día del Gestor Cultural y nosotros no. Cuando se dan cuenta, queda poco tiempo y no alcanzan a exponer lo que habían preparado. Si a esto añadimos que, del tema a tratar, habían acordado exponer dos puntos, pero han abierto el abanico a más temas y ya no pueden controlar el uso de la palabra, pues terminan dejando un pliego petitorio sobre la mesa que servirá para engrosar el informe del funcionario.

Un ejemplo reciente fue la reunión con un grupo de representantes de la industria editorial con la Comisión de

Cultura de Cámara de Diputados. Tres reuniones preparatorias para acordar exponer sólo el tema de la Tasa Cero a librerías, quienes asistirían y quienes expondrían. Algunos proponían hablar del Precio Único y de crear una licencia de librería en los giros comerciales, sugerí que no. Que se centraran sólo en el tema de la Tasa Cero. Llegó el día de la reunión. Comenzaron a hablar de cómo Francia apoyaba la industria del libro, de la manera en que había hecho frente a Amazon, de cómo en España…A mitad de la reunión estábamos hablando del Precio Único, de la Licencia de Librería como parte de los giros comerciales, de que la actual Ley de Fomento para la Lectura y el Libro, no establece con claridad la supervisión para el cumplimiento del Precio Único, de cómo el Consejo Nacional de Fomento para el Libro y la Lectura, no funcionaba en la práctica… Ambas partes acordaron poner sobre la mesa el consabido pliego petitorio. Terminó la reunión y a las pocas semans el periodo legislativo y no alcanzaron a tener el visto bueno ni de la Comisión de Hacienda, ni de la Secretaría de Hacienda, por lo que no fue presentado sino hasta el próximo periodo de sesiones. Una diputada de oposición decía que era un boicot a su iniciativa y que de cualquier manera ella solicitaría se presentara el dictamen al pleno para ser votado. El coordinador de la mayoría en la cámara le hizo saber que ellos no la aprobarían y que si el dictamen era presentado y votado en sentido negativo, no podría volverlo a presentar, sino hasta dentro de un año, como marca el reglamento interno de la Cámara de Diputados. Por lo que accedió a que fuera presentado en el siguiente periodo, tres meses después. En el nuevo periodo retomaron el tema con los mismos vicios, por lo que solo obtuvieron de Hacienda la propuesta de crear un estímulo fiscal, y no propiamente la Tasa Cero para esta industria. El motivo, la falta de concentración de esfuerzos en dicho beneficio, para tumbar los argumentos de Hacienda que eran un posible amparo por quienes no se vieran beneficiados con la Tasa Cero.

De cara a la aprobación del presupuesto 2020, un grupo de actores y artistas, mediante un colectivo denominado Movimiento Colectivo por la Cultura y el Arte en México, realizaron una movilización en redes sociales, ruedas de prensa y reuniones en Cámara de Diputados, acompañadas de un video titulado "México sin artistas". Un video con más entusiasmo que tino; mal planteado, plagado de clichés setenteros que contraponen el arte con la cultura popular. Los creadores que participan en este video señalan:

"No pimporta si eres artista, trabajador de la cultura y el arte, espectador o ciudadano. El arte y la cultura no son un privilegio, es un derecho. En el 2019 se recortó una vez más el presupuesto para cultura. El arte y la cultura deben ser el eje rector de cualquier verdadera transformación. Invertir en la cultura, es invertir en la construcción del país que soñamos. El arte y la cultura siempre han sido pilares en las transformaciones de este país. El presupuesto se está decidiendo ahora, unámonos como comunidad artística y cultural. Exijamos que este presupuesto, aumente significativamente para este 2010". Después aparecen una serie de Hashtags que dicen #ArteSinPresupuesto, #ArteSinLegislación, #ArtistasSinSeguridadSocial, #MéxicoSinArtistas, #UnoPorCientodelPibParaCultura.

El punto es que solicitan dinero pero no saben para qué. No tienen una solicitud estratégica, un área específica es solo aumentar "significativamente" (Sic) el presupuesto. No saben siquiera que a octubre de 2019 había un subejercicion presupuestal por parte de Secretaría de Cultura. Entonces, para qué solicitar recurso así, en lo general cuando no se sabe ejercer. Visto así, el problema está en otro lado. En el Ejecutivo, no en el Legislativo. En segundo lugar, vuelven una vez más con el sobado tema de la seguridad social para artistas, sin considerar el régimen de incorporación voluntaria como punto de partida. En tercer lugar, solicitan una legislación "federal y local" para garantizar el ejercicio y defensa de la diversidad cultural y los derechos culturales establecida en la Constitución. Ignoran que esos principios están ya enmarcados efectivamente, no solo en el artículo 3ro constitucional como parte de los principios rectores que guiarán la educación, sino también en el artículo 4to como parte del derecho a la cultura y el ejercicio de los derechos culturales. Por si fuera poco, están también establecidos en la legislación secundaria, que es la Ley General de Cultura y Derechos Culturales, que es "General" y no Federal, precisamente para establecer acciones concurrentes con los estados de la república.

La reflexión personal que hago de todo esto, es que es necesario saber pedir. Saber plantear, exponer, seleccionar los temas y acompañarlos a lo largo del proceso legislativo. De lo contrario este esfuerzo se convierte en un vicio por pedir, opacado por las ocurrencias del momento. Y ante el vicio de pedir, está siempre la virtud de no dar. Esta ha sido la historia de por lo menos los últimos 15 años.

EL CRITERIO DE TURISTERO

En mi estapa de asesor parlamentario, tanto en la Cámara de Diputados como en el Senado de la República, tuve la oportunidad de participar en la redacción de varios proyectos legislativos, entre ellos la reforma al artículo 4to., constitucional que estableció el derecho a la cultura, el dictamen que creó la Secretaría de Cultura y en la elaboración de la Ley General de Cultura y Derechos Culturales. Tres momentos (2009, 2016 y 2017) que he denominado La Reforma Cultural[17]. En estos tres momentos, quienes tenían la mayoría y por tanto, la decisión de aprobar estas disposiciones, nos dijeron lo mismo: es así o no se aprueba. En la reforma al 4to., constitucional quitaron diversos aspectos, entre ellos la afirmación de "El Estado garantizará este derecho". Así lo solicitó el Partido Acción Nacional que era el partido gobernante. Así lo aceptó la oposición para que pudiera transitar, mediante el cabildeo de los asesores, particularmente Arturo Saucedo, qiuien supo llevar a buen puerto el dictamen coordinado por José Alfonso Suárez del Real, entonces presidente de la Comisión de Cultura.

En el marco de la creación de la Secretaría de Cultura, y luego de diversos intentos y un par de iniciativas de ley presentadas, el proyecto vino del Poder Ejecutivo y consistía en una reforma administrativa, que abría espacio en la Ley Orgánica de la Administración Públiuca Federal a la secretaría No 18. Venía con el mismo mensaje: es así o no transita. Así

---

[17] Un análisis sobre el tema publiqué en Fundap editores en 2014 bajo el título de La reforma cultural, el pendiente de la transición democrática y la alternancia política.

fue aprobada, tras una serie de reuniones y el reconocimiento expreso del entonces Secretario de Educación de que era lo mejor, pues no podía atender los asuntos de cultura por la excesiva carga de trabajo que le demandaba el sector educativo. En el marco de la aprobación de la Ley General de Cultura y Derechos Culturales, luego de haber conformado un Consejo Redactor que realizó 11 reuniones estratégicas, mientras la Comisión de Cultura realizaba diez foros regionales en el país, el proyecto llegó a manos de la Consejería Jurídica de Secretaría de Gobernación y fue mutilado en parte esenciales. El mensaje era el mismo. Es así o no procede su aprobación[18].

Los comentarios de diversos colegas, acerca de estos tres momentos no se hicieron esperar. Decían que que había faltado mucho, que nos quedamos a la mitad, que no era suficiente, sobre todo que era inadmisible aceptar esas condiciones y que era mejor esperar otro momento. En lo personal aprendí dos cosas. La primera, que en la legislación cultural mexicana debemos ser capaces de trabajar con el criterio de los turisteros. Sí, siempre será mejor el 10 % de algo, que el 100 % de nada. La segunda, es el avance estratégico por aproximaciones sucesivas. Algo que supo hacer muy bien el denominado Grupo Oaxaca al cabildear la primera Ley de acceso a la información. Es decir, saber seleccionar de forma escalonada los temas de una agenda legislativa, concentrar los esfuerzos en el estudio y análisis de lo que se va a exponer, de qué manera y a través de quienes. Elegir muy bien a los

---

[18] Un análisis de este proceso lo podrán ver en mi libro El derecho a la Cultura en México, un asunto de Estado, publicado por Secretaría de Cultura en la colección Intersecciones.

legisladores y funcionarios que intervendrán en el proceso de presentación del tema y sobre todo, saber comunicar a los medios el alcance y bondades de lo que se plantea. Saber pedir e implementar el método de aproximaciones sucesivas es determinante y necesario en la comunidad cultural. Del pliego petitorio que me tocó recibir de manos de Víctor Hugo Rascón Banda en 2007 en la Comisión de Cultura de la Cámara de Diputados hasta ahora, se ha avanzado en lo sustancial, particularmente los temas que han sabido implementar el criterio del turistero y el método de aproximaciones sucesivas. Una gran parte de esa agenda, la que no ha sido atendida, carece de fundamentación; y el resto tiene más pensamiento mágico que pertinencia jurídica. Sin embargo, cuentan con el respaldo de entusiastas grupos de gestores, con más entusiasmo que tino hasta el momento.

LOS AGENTES CULTURALES Y LA CANASTA BÁSICA DE CONSUMO ASPIRACIONAL

Bajo mi punto de vista existen tres maneras distintas de hace promoción y gestión cultural. Dependen de las cualidades y habilidades de los gestores. Alcanzo a ver tres tipos de ellos, los antropologizados, los ofimáticos y los hipermediáticos. Pareciera una clasificación cortazariana pero nada más lejos de ello. De acuerdo a mi observación, los primeros suelen ser los que más aman esta profesión en ciernes. Su visión antropológica (autodidacta o académica), les ha engendrado sobre la marcha un porfiado amor a la cultura, son sus más fervientes defensores. Suelen centrarse en una línea de investigación, protegen a toda costa el patrimonio cultural en todas sus manifestaciones, pero suelen ser poco abiertos a la consideración de análisis emergentes, nuevas visiones, disciplinas o corrientes de pensamiento. Son casi incapaces de iniciar un proyecto sin antes definir qué es cultura.

Los ofimáticos, en general son agentes que optaron por estudiar una especialidad en gestión cultural como primera carrera o complemento de una licenciatura trunca. Tienen grandes habilidades, entre las que destacan un dominio preciso de todo tipo de herramientas de oficina, incluso mediáticas, lo que les permite realizar un trabajo más notable, con mayor alcance y viabilidad de cara a un oferente. Un café Internet o un smartphone pueden ser la mejor de las oficinas para elaborar, impulsar, presentar, promover, defender y dar seguimiento a sus ideas y proyectos.

Los hipermediáticos por su parte, suelen llevar a cabo sus actividades a través de las tecnologías de la información, utilizando técnicas performativas, innovadoras presentaciones, así como una gestión y cruce de información digna de reconocimiento. Entienden bien la big data y el funcionamiento de los algoritmos, y por ende, el nuevo consumo cultural. Tienen un concepto más amplio de cultura y gustan de intervenir el espacio público, su escenario natural. Es lo más cercano a un prosumidor o produsuario en movimiento. Son menos teórico y generalmente los que logran hacer empresa empleando diversas técnicas y disciplinas en sus estrategias de promoción. Por supuesto que estas descripciones no son hipótesis probadas, ni mucho menos artículo de fe, pero ayudan a entender las diversas formas y motivaciones que cada uno tiene para hacer promoción y gestión.

Son años viendo generaciones de promotores, agentes y gestores deseosos por incursionar en eso que llaman "lo cultural". Plantean cosas tan nobles y generales como formar públicos, reparar el tejido social, generar comunidad, lectura del paisaje, disminución de la violencia, impulso al desarrollo a través del arte y la cultura... ¿Desde dónde? no importa ¿Cobrando? importa menos. Vamos, ni se lo plantean en un inicio. Desean formar parte de algo, de un proyecto, les atrae lo colectivo: quieren ver su nombre bien puesto. No es de extrañar que la mayoría de las veces que preguntas qué están haciendo, la respuesta comienza con la frase "estoy en un proyecto..." Lo hacen desde la improvisación, poniendo en común su experiencia, su reflexión académica, movidos también por la desesperación que genera ver un país tan desigual y violento; cuando no corrupto, torpe. Incapaz de ofrecer opciones de futuro, pero pocas, muy pocas veces, lo hacen con la mirada puesta en un beneficio personal.

Es el salario emocional lo que les mueve. Venden a gobierno o trabajan con fondos del mismo, al seno de un colectivo, al interior y bajo el amparo de una Asociación Civil. Insisto, pocas profesiones como esta, con pasión verdadera por incidir en el mejoramiento social y cultural de las comunidades. Sin embargo, esta cualidad es al mismo tiempo el mayor de los obstáculos para hacer realidad una de las máximas de nuestra legislación laboral: "a trabajo igual salario igual".

La mayor prueba de su pasión por el arte y la cultura es la siguiente. Si consideramos que estos agentes culturales requiere estar al día con las nuevas tecnologías, necesitan por lo menos la mitad de los productos que integran la Canasta básica de consumo aspiracional, de la que habla el economista Ernesto Piedras: Internet, Smartphone y un plan de telefonía, Pantalla, Tv de paga, aplicaciones, programas de software, suscripciones a eso que llama Néstor García Canclini, la cultura a domicilio etc. Un consumo que por mínimo que sea, no se paga con un salario emocional. ¿Y qué decir de la capacitación continua? En esto sí que están al día, ya sea mediante financiamiento del gobierno, a invitación de algún colectivo, pagando de su propio bolsillo o bien, mediante tutoriales en línea. Es quizá lo más gratificante, estar al día, contar con un espacio que les haga sentirse acompañados, poder externar y verbalizar ideas, experiencias y proyectos entre pares.

Durante un tiempo trabajé para la Secretaría de Educación Pública, en el área de negociación SEP-SNTE. Conocí la mentalidad sindical en uno de los sindicatos más grandes y poderosos del continente y de una de las secretarías de las que el país podría esperar mucho, pero la decepción fue proporcional a su gran tamaño. En una ocasión pregunté a una jefa de departamento por qué se inscribía cada año al mismo curso y me respondió que le gustaba mucho el tema. En el sector cultural pasa tres cuartos de lo mismo. Los temas gustan mucho. Solicitan cursos por esa razón, o bien porque deben capacitarse un determinado número de horas al año, o peor aún, tienen un recurso aprobado que se puede perder. Creo que muchas veces la emocionalidad nos genera la necesidad de tener espacios comunes para la discusión y acumulación de constancias, y no permite ver con claridad la finalidad de una formación académica en este campo, la inversión gubernamental en el rubro, ni mucho menos la pertinencia del desarrollo progresivo de la formación en competencias en la promoción y gestión de agentes culturales. En ocasiones tengo la sensación de que estamos en una especie de club de elogios mutuos medianamente felices, devengando un salario emocional. Un club donde nos pagan la membresía. Solemos analizar, escribir y organizar eventos sobre el valor económico de la cultura, del cual estamos plenamente convencidos, aunque no veamos un solo peso de dicho valor. Ondeamos las banderas de la cultura como restauradora del tejido social, generadora de cohesión social, pivote del desarrollo económico, de la paz, de la transformación social... pero estas banderas solo las vemos entre nosotros. Necesitamos ser más estratégicos y asertivos. Aquí, tan importante es lo emocional como lo económico.

LOS DESTINATARIOS DE LAS ACCIONES PÚBLICAS EN MATERIA DE CULTURA

Dos cosas deben tener claras los creadores, gestores, promotores y agentes culturales, bajo mi punto de vista. Saber cobrar y saberse mediadores, no destinatadios, de las acciones públicacs en materia de arte y cultura. Existe un vasto universo de participantes en este proceso que no saben cobrar por sus servicios. Acostumbrados a vivir de un salario emocional, a menudo terminan haciendo determinados trabajos por la cantidad ofrecida. Sabemos que siempre hay alguien dispuesto a cobrar menos. Pero los hay peores, aquellos que no quieren cobrar, para quienes es más importante la presentación del libro, el coctel de la exposición, el vino tinto con los amigos, colegas y medios de comunicación; la reseña de la curaduría y tener su nombre bien puesto en el producto final de la creación, para la publicación del estatus en sus redes sociales. Por tanto, si ni los propios agentes culturales valoran lo que hacen en términos económicos, mucho menos lo harán quienes contraten sus servicios.

Recientemente me solicitaron hacer un ejercicio de integración para directivos de una empresa de contenidos audiovisuales. Propuse contratar los servicios de un artesano del Estado de México para que, en lugar de hacer el consabido y trillado trabajo en equipos orientado a sacar la misión, visión etc…hicieran entre todos, con el artesano como mediador cultural de este proceso, un árbol de la vida, que representara los valores y propósitos de la empresa. Que fueran ellos mismos quienes plasmaran su cosmovisión de la empresa en barro, y una vez terminado y horneado, lo pintaran con los colores de la misma etcétera. Los directivos, se empeñaban en contratar a un porrista mental que les motivara mientras el árbol estuviera dentro del horno, pero no fue necesario. Al término de este ejercicio de barroterapia, era evidente que habñian quedado satisfechos y fascinados, entre otras cosas por la experiencia de haber elaborado un árbol de la vida que ahora forma parte de sus oficinas, convivieron fuera de la oficina, en el taller de un artesano, jugaron con el barro y comieron tacos de chorizo de Metepec. La encargada del evento me dijeron que el porrista mental que pensaban contratar habría cobrado poco más de doscientos mil pesos, en tanto que el artesano pedía solo diez mil. Por supuesto que no le pagaron eso, sino una cantiudad digna. Qué quiero decir, ¡Que ni el propio artesano valora su trabajo! Está claro que requiere los servicios de un promotor cultural, ya que su trabajo es crear y recrear experiencias a través del barro.

Este tipo de maridajes estratégicos requiere de una profesionalización del saber para poder tasar lo que se hace. En el terreno de la planeación por ejemplo, nadie sabe con certeza ¿Cuánto cuesta un dictamen de factibilidad cultural? Lo sé luego de preguntar a varios colegas entendidos en este campo. Otra vez, si queremos que estos estudios no saean encargados a un despacho privado ajeno al sector cultura, a menudo me dicen, debemos saber en qué consiste y cuánto puede costar. Lo mismo un dictamen jurídico, el diseño de una política pública, su implementación, acompañamiento, evaluación etc. Cosas como estas son las que pueden dignificar el trabajo de los promotores y gestores culturales, y ayudar a transitar del salario emocional al económico.

Respecto a la segunda cuestión, a la de saberse mediadores de procesos, considero que es momento de reconocer que durante décadas hemos vivido un modelo de promoción y gestión cultural basado en la creencia de que son los creadores, gestores y promotores de la cultura, los destinatarios de la política, los programas y las acciones culturales que genera el Estado[19]. Algo que, bajo mi punto de vista, no debe ser así. Los destinatarios finales de las acciones culturales que implementa

---

[19] A menudo vemos en las campañas electorales y en los foros y reuniones posteriores este enfoque, con posturas en las que se convoca a la comunidad cultural a escuchar a los candidatos o nuevos responsables de cultura en su caso, para ver qué traen para la comunidad. Una lógica equivocada por egocéntrica. Se trata de ver qué podemos hacer juntos para que el arte y la cultura llegue a los ciudadanos, no a la comunidad cultural.

el Estado son y deben ser los ciudadanos. Los creadores, promotores y gestores del arte y la cultura, son facilitadores de los procesos que deben garantizar de forma progresiva, por una parte, el derecho de acceso a los bienes y servicios culturales que presta el Estado, y por la otra, el ejercicio de los derechos culturales. En todo caso, tienen una dualidad receptora, son doblemente destinatarios, en su calidad de ciudadanos y en la de agentes culturales mediadores, pero no los únicos destinatarios como han creido y les han hecho creer por décadas funcionarios, candidatos y gobernantes.

Aquí aplica nuevamente el ejercicio de bifocalización, pues del vasto universo de quienes nos dedicamos a la promoción del arte, la cultura y los derechos culturales, hay quienes padecen miopía, pues solo vemos de cerca; y quienes son présbites, solo ven de lejos.

¿Que por qué lo digo? Entre otras cosas por la lógica editorial aún vigente, que a menudo recoge cuestionamientos de la autodenominada comunidad cultural con cierta indignación, acerca de lo que el gobierno hace o deja de hacer. Dicha indignación suele hacerse en calidad, no de agente mediador, sino de destinatario afectado. Ejemplo de esto es la apertura del museo Leonora Carrington en San Luís Potosí. Un grupo de creadores y promotores culturales cuestionaba la inauguración de un museo para una artista que no significaba más en la entidad que otros creadores oriundos de esas tierras. Este arranque de provincianismo dejaba de lado dos cosas, que el museo fue creado en un Centro de las Artes, y que una de las prioridades de la gestión cultural es la de recrear la identidad cultural local, estatal y nacional de los ciudadanos, a partir de lo que se tiene para ofrecer y de lo que se tiene para recibir, es la base del diálogo entre culturas.

Otro ejemplo es el también recientemente inaugurado museo Juan Soriano en el estado de Morelos, donde otro pequeño grupo de artistas manifestó su molestia por los mismos motivos. Decían que el museo debía llevar el nombre de un artista local. En ambos casos cuestionan lo mismo. El concepto, la forma y los nombres, como si los museos fueran solo para ellos; para sus obras, para sus eventos. Pasan por alto cuestiones más importantes tales como, si las obras de Leonora Carrington exhibidas en su museo de San Luís, son todas originales, o bien, qué sucedió con las obras de Juan Soriano que no están en este nuevo museo.

Por otro lado, desde hace años vengo señalando la necesidad de cambiar la forma en que es concebida la inversión pública en el arte y la cultura. Esa que se realiza a través de becas, estímulos y cursos de formación, inversión que hasta el momento sigue orientada por el criterio de atender a los creadores y promotores de la cultura, para ayudarlos a ascender peldaños en la escalera del ego, lo cual es válido, pero más válido, moral, social y pertinente, sería poner la mirada en el impacto cultural de las comunidades donde podría incidir el creador. Lo anterior lleva a pensar en la gente y tratar de transformar la realidad que viven a través del arte y la cultura en un proceso a mediano plazo. Este podría ser un verdadero esfuerzo estructural (no coyuntural) de Cultura Comunitaria, trabajar con jóvenes en las aulas y en las comunidades de froma gradual y no la jolgorización que acabamos de ver en el Auditorio Nacional. En el centro del país.

Aquí también es importante que los promotores y agentes culturales vean en la administración pública un área de desarrollo profesional, o por lo menos que dejen de verla como esa burocracia que todo lo frustra. Por supuesto que hay casos lamentables que dan fe de ello, precisamente porque hay demasiados funcionarios de bajo perfil, que se limitan solo a cumplir una jornada laboral. Por eso es necesario que los agentes culturales que sí tienen una determinada preparación, se acerquen a la Administración Pública de la Cultura. Un enfoque relativamente nuevo que concibe la cultura, no solo como un derecho, sino también como un servicio público prestacional[20]. Uno de los principales problemas que hacen que el salario económico se estanque en el salario emocional entre los Gestores Culturales, es que hay una gran cantidad de creadores que se sienten también gestores y además promotores de su trabajo y del de otros. Es el origen del estancamiento profesionial, pues terminan como el pato. Esa ave que corre, nada y vuela, pero ninguna de estas tres cosas hace bien, o por lo menos con la destreza suficiente. Prueba de que esa suerte de Santísima Trinidad personificada en el gestor es poco capaz de asumirse como parte de un proceso de creación, gestión y promoción, es que apenas está entendiendo la dinámica de estos tres ámbitos de competencia, y alguien viene y le sugiere que puede ser un gran emprendedor en el universo de las industrias culturales, y este va y se lo cree. Inicia así su vuelo hacia el emprendurismo, intentando volar como un pato.

---

[20] Desde Artículo 27 S. C. estamos iniciando un proyecto de capacitación en esta materia, dirigido a Agentes Culturales con la Secretaría de Cultura Federal.

Resiliencia y transversalidad en la gestión

El término resiliencia como muchos saben proviene del campo de la física. Su metáfora ha sido trasladada al terreno social de la psicología, las relaciones humanas y la política social por diversos especialistas en estas materias. El concepto primigenio está relacionado a la resistencia de los materiales, y es precisamente esa idea de resistencia la que atrae para sugerir su adopción en el tema que nos ocupa, entendida como un conjunto de procesos socioculturales e intrafísicos que pueden posibilitar una vida sana en un medio insano.

Lo anterior, teniendo claro que es necesario cambiar las circunstancias externas para llevar una vida sana, aunque no más importante que desarrollar habilidades internas (de resistencia y templanza) que permitan tener una vida sana en un medio cada vez más insano y adverso.

Pienso entonces en la reflexión hecha por el colega Carlos Villaseñor, acerca de la necesidad de revalorar las Casas de la Cultura en el país, mediante la elaboración e implementación de una política cultural orientada a su óptimo funcionamiento, desde el zócalo del territorio que es el municipio, ahí donde reside esta unidad mínima de infraestructura para la intervención artística y cultural. Esto permitiría desdoblar la dimensión social de la cultura desde lo comunitario y no desde la jolgorización centralizada. Incluir La Casa de la Cultura como el centro de la infraestructura cultural del municipio en ese conjunto de procesos socioculturales e intrafísicos que pueden generar la resiliencia en un parte importante de las regiones del país, podría ser una acertada política cultural.

En un libro que lleva por título Discurso políticos: avancemos con la senda en la mano, el ex Secretario de Gobernación Jesús Reyes Heroles, inmortalizó una de tantas frases: "Lo que resiste apoya". No queremos luchar con el viento, con el aire, decía. Lo que resiste apoya y requerimos una sana resistencia que nos apoye en el avance político de México. Sin duda un político peculiar. Solía leer y explicar los fenómanos políticos desde una posición equidistante, y que pese a pertenecer al PRI, logró conducir una reforma política histórica, que marcó el inicio del desarrollo democrático del país. Pues bien, retomando dicha expresión, aquí las casas de cultura del país representan esa sana resistencia que puede apoyar la realización de un gran programa nacional, enmarcado en una política pública, orientada no solo a desarrar estos espacios que han demostrado ser, a golpe de acciones culturales, no solo escuelas de sana recreación y convivencia, sino también verdaderos puntos de encuentro con el arte y la cultura local. Con sus tradiciones.

Herencia de la política cultural francesa impulsada por André Malraux, quien estableció la primera casa de la cultura en junio de 1961 en la ciudad de Le Havre, marcando con ello de manera simbólica una etapa en la política de descentralización cultural que se había planteado, las Casas de la Cultura pueden ser, en nuestro contexto mexicano, los ojales por donde se enhebre el hijo que urda y zurce el tejido social.

Considérese que en la mayoría de pueblos y localidades del país puede no haber infraestructura para otros servicios, pero una casa de la cultura, un kiosko o una plazoleta siempre. Las casas hí están, a la deriva de las ocurrencias de alcaldes y funcionarios, que a falta de sentido común las convierten en oficinas del DIF, en caseta de policía y bodega de utencilios para la fiesta del pueblo, todo por falta de una política pública en esta materia.

La propuesta de resiliencia cultural puede ser entendida por extensión metafórica de su campo de origen, como la capacidad que tiene un material para recobrar su forma, luego de haber estado sometido a altas presiones. Esa característica elástica es la que resaltan algunos especialistas en el terreno de las ciencias sociales para sugerir que un ser o un grupo resiliente no retorna a un estado anterior al estrés o situación de adversidad, debido a la facultad demostrada por el ente afectado para transformar dicha presión en oportunidad de impulso. En este sentido, es importante subrayar que la resiliencia no debe ser entendida como invulnerabilidad, sino como capacidad voluntaria de superación.

Su resultado más incuestionable es la adaptación exitosa frente a circunstancias azarosas, como bien señala el Dr. Michel Duquesnoy de la Universidad Bernardo O'Higgins de Santiago, Chile. Especialistas como Aldo Melillo y Néstor Suárez Ojeda reconocen en el concepto de resiliencia dos vertientes importantes. La virtud de aguantar las desgracias y la capacidad de fortalecerse a partir de ellas. Esto es, dos componentes positivos íntimamente vinculados actuarían de forma complementaria e interactiva: la resiliencia a la desintegración y la capacidad para reconstruir sobre escenarios o factores hostiles.

Cabe señalar que para Stefan Vanistendael, el concepto tiene igual relevancia en la persona que en grupos enteros, los que en definitiva se componen de agentes particulares. Señala incluso que la mayoría de las publicaciones actuales aplican la resiliencia al entendimiento de ciertos comportamientos de superación tanto a individuos como a colectividades. Su definición encaja en este supuesto, al afirmar que se trata de la capacidad de un individuo o de un sistema social de vivir bien y desarrollarse positivamente y de un modo socialmente aceptable, a pesar de condiciones de vida difíciles.

En lo personal considero que el espacio público, la casa de la cultura, el kiosko o la plazoleta, que apoya e impulsa la integración y desarrollo de personas, familias y comunidades mexicanas, es el elemento primario que puede detonar un proceso de resiliencia cultural, encaminado ejercitar la creatividad social, como afirma Jesús Martín barbero, a recuperar la capacidad colectiva de dar sentido a la vida y producir proyectos de sociedad, a partir de la sana convivencia, del arte y la cultura.

Como vemos, esta infraestructura cultural desempeña un papel fundamental. Representa una red de espacios estratégicos mediante los cuales podemos desdoblar la dimensión social de la cultura e impulsar el desarrollo humano integral de las personas, las familias y comunidades del país. A poco más de 60 años de la instalación de la primera casa de la cultura en el mundo, y su posterior adopción en México, es pertinente pensar en sus valiosas contribuciones al proceso de resiliencia cultural que requiere nuestra sociedad, cada vez más doblegada por la delincuencia organizada y la corrución. Según las reglas de la resiliencia, la sociedad mexicana podría recuperar su posición vertical y no volver a ser la misma. Esto es lo más importante del proceso.

Si concebimos las casas de la cultura como la unidad mínima de acceeso a la cultura que tiene el ciudadano, la familia y la comunidad, y de forma transversal incluimos a Secretaría de Desarrollo Social para conformar y distribuir una canasta básica de arte y cultura, a la Secretaría de Educación Pública para incorporar a las escuelas primarias en un programa artístico y cultural, a la Secretaría del Trabajo para desarrollar visitas guiadas a los mismos, con el apoyo de los becarios del FONCA, como parte de su remuneración social y prestaciones laborales, respectivamente. Esto ayudaría a las empresas a dar cumplimiento a la NOM 035, en materia de capacitación socioemocional. Estaríamos no solo cambiando la forma de difundir y promover el arte y la cultura, sino desdoblando de manera estratégica su dimensión social.

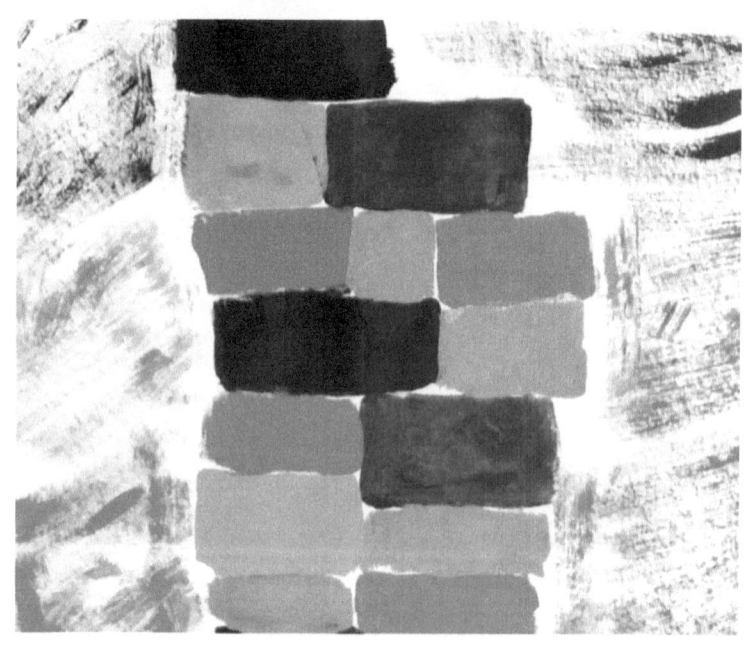

El lado "B" de la creación

DEL OTIUM AL NEC-OTIUM

La otra Guardia Nacional

Los Gestores Culturales encarnan muy bien la idea de la otra Guardia Nacional. Integrada por creadores, promotores y gestores del arte y la cultura, cuya misión es ayudar a garantizar el derecho de acceso a la cultura y el ejercicio de los derechos culturales en las diferentes comunidades del país, que integran eso que llaman en Secretaría de Cultura, los municipios prioritarios. Hablo de una guardia que trabaja desde hace muchos años en el precariato, y que desde 20 años viene preparándose cada vez mejor mediante cursos, talleres, seminarios, diplomaturas, licenciaturas, maestrías etcétera. Pero es justo aquí donde encontramos la gran paradoja, ya que desde entonces viene enfrentando recortes presupuestales, eliminación de programas, cancelación de proyectos, y en el mejor de los casos, solicitudes de presupuestos en las que logra obtener lo comido por lo servido. Es decir, es una guardia nacional que no logra vivir dignamente de lo que crea, promueve y difunde. Esto es muy lamentable si consideramos que son quienes sostienen el elemento discursivo por antonomasia: el lazo social.

Por si fuera poco, ahora es afectado directo de la eliminación de apoyos a las asociaciones civiles. La gran mayoría de quienes componen esta guardia nacional trabajan con estos apoyos. No digo viven, subrayo trabajan, porque es lo que hacen, trabajar por un salario emocional, el salario emocional de la cultura. Si bien la desaparición de estos apoyos no es propiamente un atentado a la libertad de expresión artística, ni a la libertad creativa, representa una medida discriminatoria por atentar contra la libertad de asociación. Preguntémonos ¿Que ha llevado a la sociedad civil a organizarse, y en particular a la comunidad cultural a constituirse en asociaciones o sociedades civiles? Las propias convocatorias del gobierno, las reglas de operación de sus diferentes programas. Minar, como este gobierno pretende, el esfuerzo de la sociedad civil organizada es antidemocrático. De la misma forma que pretender acabar con los programas sociales y dar el dinero directamente a las personas; es asistencial y electorero. En el caso de la cultura, es socavar la emocionalidad, el componente base del salario de los creadores, promotores y gestores culturales.

Este gobierno debe saber que la libertad de asociación es un derecho humano. Es la posibilidad de que cualquier individuo pueda establecer, por sí mismo y junto con otras personas, una entidad con personalidad jurídica propia, cuyo objeto y finalidad lícita sea de libre elección. Es la formación de una nueva persona jurídica con efectos jurídicos continuos y permanentes. El Estado, lo menos que puede hacer es generar las condiciones para que estos individuos y personas jurídicas puedan desarrollarse. Por otra parte, hay que señalar que el artículo 5o. De la Constitución establece que no podrá impedirse a ninguna persona que se dedique a la profesión, industria, comercio o trabajo que le acomode, siendo lícitos.

Así las cosas, esta Guardia Nacional Cultural, integrada por creadores, promotores, gestores y agentes culturales, enfrentan dos paradojas. La primera es que entre más preparación tienen sus integrantes, menos posibilidades de desarrollo profesional encuentran. La segunda es que existe ya un Doctorado en Gestión Cultural en la Universidad de Guadalajara para seguir preparándose. Es en síntesis, estamos ante una profesión que exige más de lo que ofrece, que quita más de lo que otorga, y sin embargo, crece su feligresía. Esto no se explica sino es por el salario emocional de la cultura.

Hay una frase atribuida a Mario Moreno "Cantinflas" que dice que el mexicano es muy aguantador. Pero tan aguantador, tan aguantador; tan aguantador, tan aguantador, tan aguantador, que el día que se canse... seguirá aguantando. Bueno pues, el Gestor Cultural es más aguantador que el mexicano. El día que se canse, seguirá estudiando y trabajando.

Ojalá que lo hagan en condiciones dignas, no solo por el bien de ellos, sino de la profesión y del país. Son ellos, los denominados Gestores Culturales los que hacen de México un país resiliente, por tener la virtud de aguantar recortes presupuestales, bajas salariales, pagos retrasados, cancelación de proyectos y convocatorias y una infraestructura decadente. Es justo ahí, paradójicamente, donde encuentran esa inexplicable capacidad de fortalecerse, en esas carencias que son los factores hostiles sobre los cuales logra, por una parte, hacer del precariato un modelo de gestión, y por el otro, generar comunidad a través del arte y la cultura. Son ellos, los Gestores Culturales, quienes llevan a cuestas una mínima parte de ese raquítico 0.21 % del presupuesto cultural a las comunidades. Son la otra Guardia Nacional, la cultural. La reserva espiritual del país.

MÁS CABEZA Y MENOS CORAZÓN

A menudo comento entre alumnos y colegas la reflexión hecha por Vargas Llosa sobre su primo Peté, quien abandonó el mundo de las finanzas por abrazar una segunda profesión, la literatura. Profesión que solo le garantizaba un salario, el emocional. Una elección plausible para muchos, puesto que tiene mucho de heróica. Sin embargo, la cuento porque ayuda a entender por qué la primera vez que escribimos, como bien dice el guionista Mike Rich, lo hacemos con el corazón, en tanto que la segunda, con la cabeza. Creo que los creadores, gestores, promotores y quienes vivimos del arte y la cultura, debemos comenzar a desarrollar nuestras actividades como si fuera ese acto de escribir por segunda vez. Motivados por el corazón, si se quiere, que es donde reside el salario emocional, pero concientes de que es necesario tener un salario económico. Tan importante es el salario base como el salario emocional.

Toca ahora enseñar y aprender recorridos nuevos dentro del pensamiento de esta profesión en ciernes y trabajar más con la cabeza que con el corazón. O en el mejor de los casos encontrar un equilibrio entre estos dos órganos (el corazón y la cabeza), porque si bien es verdad que más allá de los atributos emocionales dados al corazón, no deja de ser una bomba que dota de sangre al cuerpo llevando oxigeno a las células. Sin embargo, no es aquí donde nace nuestro aprecio por el arte, la cultura y el salario emocional, sino en el cerebro que, al ser el elemento central del sistema nervioso, nos ayuda a pensar, a sentir, a aprender y a recordar. Considérese que controla también de forma imperceptible el latido del corazón. Por tanto, uno nos da la vida al llevar oxígeno y nutrientes a través de la sangre, y el otro la capacidad de discernir. Se trata pues, de tener la capacidad de regular las emociones, máxime que ahora la neurociencia nos ha confirmado que nos somos seres propiamente racionale, sino emocionales.

En una reunión convocada por Unesco el mes de junio de 2007 en la Ciudad de México, un grupo de especialistas, investigadores e interesados en políticas culturales asociadas al desarrollo, fuimos invitados a discutir sobre la recolocación del término "cultura", sus diversas formas de apropiación, así como su incidencia en el desarrollo mundial mediante las industrias culturales, o del ocio como también se les conoce. Las discusiones fueron por demás interesantes y enriquecedoras. Se comenzaba a analizar con especial detenimiento la vertiente económica de la cultura, entre antropólogos, sociólogos, economistas y analistas. Circulaban además las primeras publicaciones especializadas en el tema. Y si la memoria no me falla, creo que fue Edgar Montiel quien habló del modelo de sociedad de las culturas clásicas griega y romana, a manera de un primer paradigma, la sociedad que denominó del *otium* (ocio/creatividad) y no precisamente el paradigma del *nec-otium* (negocio). Coincidimos en la afirmación de que en el pensamiento clásico, el *otium* era asociado al mundo de la creatividad, de la diversidad cultural y de la riqueza patrimonial, esto es, con el mundo de la cultura. Con el paso del tiempo, ya con la definición positiva del otium, los clásicos definieron la contraparte del ocio; esto es, el *nec-otium*. Un instrumento para crear la sociedad sustentable, una sociedad con calidad de vida. El *nec-otium* fue durante siglos el eje de las sociedades, pero en la actualidad resulta innegable a la vez que curioso, ver la forma en que el mundo económico, particularmente las industrias del ocio, creen estar descubriendo que el mejor *nec-otium* está en el *otium*.

La cultura había sido considerada por mucho tiempo un objeto que se podía poseer y agrandar, cuyo denominador común, al menos inconsciente entre los partidarios de estas ideas, era la engañosa creencia de que la posesión de cultura era directamente proporcional a la disponibilidad individual de tiempo. Es decir, de lapsos durante los cuales no se trabaja. Vista así, la cultura sería entonces, como dijera Castillo Peraza, la justificación del ocio que, aunada a la democracia, serían, bajo esta lógica, dos privilegios más de los ya privilegiados dueños del tener y del poder, de los grupúsculos encargadas de pensar por todos. Algo debe decirnos el hecho de que a estas personas en esta cultura, se les excetaba de otro tipo de trabajos, pues lo suyo era pensar. Es así como la educación y la cultura definieron dos de los grandes pilares de la cultura helénica y Roma.

Ahora bien, asimilada desde su contraparte, podemos ver cómo hoy más que nunca las actividades económico-culturales constituyen en sí mismas un sector de actividad económica aprovechable, ya que comparte características semejantes con otros sectores de la economía tales como el turismo, el diseño, las telecomunicaciones etc. Es decir, una economía, ya no de subsistencia, sino una economía basada en la creativa; en un marco distinto que debe ser aprovechado por los Agentes Culturales, que comporta y exige trabajar no solo con el corazón (*otium*), sino también con la cabeza (*nec-otium*).

ENTENDIMIENTO DEL ENTORNO

El salario económico de la cultura para los Gestores Culturales, depende en gran medida del entendimiento del entorno en que operan. Entender el entorno implica no perderse en debates áridos e improductivos. Aguantarse la comezón de ser un "metomentodo", porque eso es precisamente lo que suele convertirlos en aficionados a todo y especialistas en nada.

Una profesora que tuve en la universidad, solía decir que la diferencia entre la antropología y la sociología era el pavimento. Mi observación entre estos dos campos es que los antropólogos, que en ese entonces eran los dueños del concepto cultura, no dejaban de antropologizarlo, y bajo la premisa eterna de que es un término en constante construcción, se dedicaron por años a la interpretación etnográfica en campo, y más recientemente, a analizar la estructura del consumo en las plazas comerciales. No así el terreno, aún movedizo, de la economía creativa y las autopistas que van trazando los procesos de integración global en el campo de la comunicación y la cultura. Tan nociva fue la excesiva antropologización del ámbito cultural, bajo mi punto de vista, como la explosión posterior que ha hecho del término, del concepto y la definición, un abanico extenso, y en ocasiones interminable, de posibilidades de abordaje, generando una dispersión conceptual y por ende metodológica, aunque finalmente enriquecedora, que nos ha puesto a todos a reinterpretar visiones a partir de otros enfoque y herramientas.

Los sociólogos, por ejemplo, se han estado sumergiendo en el asfalto de las ciudades globales, quizá con un poco más de disciplina y tino, para mostrarnos el valor económico, político y social de la cultura en el proceso de globalización.

Uno de los primeros fue Manuel Castells, hace ya más de 20 años. Trazó el mapa mundial de lo que Jan Van Dick denominó en 1991 sociedad red. Inspirador del primer volumen de la trilogía de Castells, *La era de la información*. Trilogía en la que explicó el surgimiento de una revolución tecnológica basada en la información y el conocimiento; generadora de los nuevos procesos económicos que dieron pie a la economía informacional. Economía que engendró empresas-red, de jerarquías planas, donde lo más importante era la interconexión de los distintos nodos. En síntesis, la anatomía de un proceso que cambió las relaciones de producción, experiencia y poder; que redefinieron el mercado de trabajo, el empleo, la cultura, la política, el Estado mismo y por ende, los hábitos de consumo y los códigos de conducta de la sociedad.

Más recientemente, otro sociólogo, Frédéric Martel, hizo lo mismo que Castells en su obra *Cultura mainstream, cómo nacen los fenómenos de masas* (Taurus). Analiza el entertainment en el marco de la diversidad cultural, a la que concibe como ideología de la globalización. Cabe señalar que cuando Castells realizó su *Era de la Información*, la diversidad cultural era apenas una acalorada discusión entre los especialistas llamada entonces "Excepción cultural". Apoyada por el grupo de países francófonos y repudiada por Estados Unidos que defendía su visión arancelaria.

Cultura mainstream fue uno de los primeros estudios mundiales sobre el entretenimiento, que explica el brote cultural de los países emergentes y las razones por las que las industrias de contenidos ya no son hoy un tema exclusivo de los Estados unidos. Ya no es Hollywood, sino también Bollywood en la India,

TV Globo en Río de Janeiro, Sony en Tokio, Televisa en México, Telesur en Caracas, así como China Media Films y Shanghai Media Group. Es la estrategia de Egipto, Líbano y el Golfo con la creación del Grupo Rotana, cuya misión es difundir una cultura árabe desde su sede en Raid, sus estudios televisivos en Dubai, su rama musical en Beirut y su división cinematográfica en El Cairo. Misma misión que Peter Lam, el dirigente comunista cabeza del grupo eSun, el gigante del cine y la música en China continental y en Hong Kong.

En este sentido, Martel propone hablar de "Industrias de contenidos" en lugar de industrias culturales, debido a que ya no estamos sólo ante productos culturales, sino ante servicios, contenidos, formatos y gobiernos que buscan el *soft power* que da la cultura. Eso que en su momento otro sociólogo, Immanuel Wallerstein, denominó geocultura: "La otra cara de la geopolítica". Solo que en la propuesta de Martel el lector podrá encontrar una puesta al día de lo que sucede en esta denominada industria de los contenidos, ya no solo de los Estados Unidos, de eso se han ocupado desde hace un par de décadas investigadores como Herbert Shiller (Cultura S.A.), sino de la cultura emergente de los países emergentes en todo el mundo[21].

En este contexto, es entendible el hecho de que por primera vez en la historia China lleva la delantera a Estados Unidos en

---

[21] Algo debe decirnos el hecho de que el prestigiado premio Príncipe de Asturias de comunicación y humanidades recayera el mismo año en dos de los sociólogos más influyentes de nuestros tiempos, en el francés Alain Touraine y en el polaco Zygmunt Bauman. Esto por desarrollar "instrumentos conceptuales singularmente valiosos para entender el cambiante y acelerado mundo en el que vivimos". Y es que tanto la sociología de la acción de Touraine, como la modernidad líquida de Bauman (que no postmodernidad), han transformado el campo de la comunicación, la cultura y la sociedad.

materia tecnológica. Muestra de que la carrera por el desarrollo e implementación del 5-G está abriendo nuevos horizontes. Por tanto, además de entender el entorno, los Agentes Culturales deben ser capaces de desarrollar las habilidades y competencias que lo ponga a la altura de esta nueva economía basada en el *mindware*. De navegar en el mercado de las ideas y entender que las bases de la vida social han infundido en todos los ámbitos de nuestra vida, como señala Bauman, el status de "Superestructura", un status donde la disolución de los sólidos nos transfirió a una progresiva emancipación de la economía; de sus tradicionales ataduras políticas, éticas y culturales, hasta establecer un nuevo orden, definido en términos económicos. No se trata de actuar sin ataduras éticas, sino de entender estas nuevas lógicas para poder incidir de mejor forma en las comunidades a través del arte y la cultura. Debemos ser capaces de entender que en la modernidad el tiempo tenía historia. Esto gracias a su capacidad de contención. Pero hoy, en la modernidad líquida de la que habla Bauman, el tiempo depende de la tecnología, de los medios de transporte artificial donde los límites heredados de la velocidad de movimiento pueden transgredirse, como advierte José Luís Brea en Cultura RAM, donde describe las mutaciones de la cultura en la era de su distribución electrónica[22].

---

[22] A través de la jerga informática (ROM-RAM) explica la fugacidad de este tipo de cultura, que tiene cada vez menos una memoria de archivo, y cada vez más una de procesamiento; de interconexión de datos y sujetos de conocimiento. Una cultura que se dispersa y clona en todas direcciones, que se reproduce y distribuye viralmente a toda una red deslocalizada, en una multiplicidad de no-lugares: "En tiempo real y con la misma lógica de lo vivo". No son pocos los sociólogos que sostienen que la memoria no es más detención del tiempo, suspensión que corta su flujo para retener y conservar el momento perdido, incluso se preguntan si la cultura seguirá sirviendo a la reproducción social, o más bien a la producción inventiva del mundo tecnológico, regido por la articulación RAM, gestora de interacciones recíprocas de códigos, como señala Brea.

Lo anterior en el terreno de la gestión cultural es determinante, pues no solamente introduce nuevos términos al campo, sino también nuevas formas de gestión. En grado tal que cabe preguntarse ahora sobre la categoría de ciudadano y su condición de consumidor, produsuario, prosumidor y perfilado (en movimiento).

CONCILIACIÓN DE DERECHOS

Es necesario también que los Agentes Culturales se involucren en los debates internacionales que terminarán impactando en nuestro país. Por ejemplo, en el Parlamento Europeo se acaba de discutir la conectividad y la autoría intelectual. Un debate que enfrentó a los creadores y consumidores de contenidos. Esto en el marco de otro debate en tonro a la conectividad, al diseño del nuevo derecho de autor, a los derechos conexos y a la neutralidad en la red, donde al parecer no llueve a gusto de todos, debido a los mal llamados y mal entendidos derechos digitales.

El Parlamento Europeo pospuso en su momento la votación para analizar posibles afectaciones a derechos de usuarios en el acceso libre a contenidos, que defienden organizaciones como Wikipedia. Una reforma planteada en 2016 por la Comisión de Asuntos Legales que busca brindar protección a creadores. Sin embargo, los usuarios y los marcatenientes de la red, se manifestaron en contra amparados en la libertad de expresión y en los derechos colectivos a la cultura de los ciudadanos. Según ellos existe el "derecho al remix" y el "derecho a fusionar obras". No les agradaba la idea de que las plataformas online que permitan a usuarios subir contenidos, deban cooperar con los titulares de derechos a implementar medidas para evitar que se viole el copyright de sus obras, mediante técnicas y sistemas de reconocimiento de contenidos. Además de vigilar y monitorear servicios online[23].

En lo personal, considero que los derechos de acceso, pongamos por caso a la información, y más particularmente la libertad de expresión, o bien, el de acceso a la cultura, y más concretamente, los derechos culturales, entre ellos el derechos de autor y derechos conexos, requiere límites para no fomentar injusticias, abusos o desigualdades. En el caso de la libertad de expresión, no recurriré a la declaración francesa, ni a Montesquieu, a Rousseau o Stuart Mill para precisar el concepto de libertad, me basta Robert Alexy, quien la asume como un valor, y por ello un ente "valente" conforme al tiempo y espacio en que se le conciba: "íntimamente ligada a la responsabilidad de quien la usa" ¿O qué pasa? ¿Que en la red no hay cabida a la ética, a la responsabilidad y a la legalidad?

En México no han gustado iniciativas como la promovida en 2012 por el entonces senador Federico Döring (versión mexicana del proyecto Sopa), ni las reformas propuestas por el diputado Armando Baez, quien proponía gravar los dispositivos digitales de almacenamiento, el denominado (el canon digital). Hoy no gusta la normatividad impulsada por el Parlamento Europeo, ni las nuevas reglas de la neutralidad en

---

[23] En 2012, Wikipedia realizó su primer apagón en contra de los proyectos de ley SOPA (Stop Online Piracy Act) y PIPA (Protect Intellectual Property Act). Dichos proyectos fueron congelados sin reconocer la necesidad de regular, de alguna manera, la forma y el contenido de lo que circula por el ciberespacio.

la red impulsadas por el gobierno estadounidense. La cultura del "todo gratis" nos ha llevado a pensar que la ilegalidad debe ser tolerada y que los derechos de acceso descansan en la gratuidad y no es así. Los derechos de acceso deben hacer valer el derecho de los creadores a vivir de sus creaciones. El Estado garantiza el acceso a bienes y servicios públicos, en materia de cultura. Asimismo, regula la prestación de bienes y servicios privados.

En este sentido, los Agentes Culturales deben ser los primeros defensores del arte y la cultura. Una cultura del todo gratis que sobrepone la libertad de expresión al pago de regalías a autores, creadores y desarrolladores de contenidos, afecta el desarrollo de su trabajo. Deben saber también que el artículo 6º constitucional hace referencia a la información pública gubernamental y establece un límite. En materia de radiodifusión y telecomunicaciones, señala que el Estado garantizará a la población su integración a la sociedad de la información y el conocimiento, mediante una política de inclusión digital universal, y asume las telecomunicaciones como servicios públicos de interés general, mediante condiciones de competencia, calidad, pluralidad, cobertura universal, interconexión, convergencia, continuidad, acceso libre y sin injerencias arbitrarias. En síntesis, hay que saber distinguir entre derecho a la conectividad y uso discrecional e ilegal de contenidos y su distribución, si lo que queremos es comenzar a fortalecer la cultura de la legalidad y el respeto del arte, a la cultura y a los derechos culturales, el trípode de la gestión cultural.

Entendimiento del álgebra de la vida moderna

El álgebra de la vida moderna es una gran canción de Fito Páez, del disco Enemigos íntimos (1998). Retrata el delirante momento que vivimos como sociedad. Tomo prestado el título para unirlo a la tesis de un libro que acabo de leer, de un colega de la universidad Carlos III de Madrid, Carlos Elías Pérez, intitulado *El selfie de Galileo, software social, político e intelectual del siglo XXI*. Es un libro que debiera leer todo gestor cultural, yo lo recomiendo cada que puedo, entre otras cosas porque ayuda a entender el poder de los *Numerati*, estos desarrolladores de contenidos en la red que controlan todo a través de algoritmos. Que son capaces de modificar los hábitos de consumo y los códigos de conducta de la sociedad, hasta fusionar las matemáticas con las humanidades, dos ámbitos que nunca habían estado tan de la mano como hasta hoy.

Al analizar las matemáticas y la construcción de la realidad, lo hace precisando el término "Realidad", en el marco de los adelantos tecnológicos que han generado fenómenos como el *Second Life*, así como la manera en que el mundo real se está definiendo como una consecuencia de la realidad virtual. Por ello, sostiene que el término "Ciberespacio" admitido por la RAE, ya no explica lo que ocurre en la sociedad de la segunda década del primer siglo del tercer milenio. Acude así a la definición de "Cibernética", definida como el estudio de las analogías entre sistemas de control y comunicación de los seres vivos y de las máquinas; y en particular el de las aplicaciones de los mecanismos de regulación biológica a la tecnología. Esto es, biología y tecnología unidas en un mismo espacio definido en el entorno informático.

Esta reflexión es reveladora si consideramos que, cuando se desarrolló la informática, la robótica y en general lo que hoy conocemos como cibernética, se esperaba que la tecnología imitara a los seres vivos; jamás se previó la posibilidad de que los seres vivos desearan con tanto ahínco imitar a la tecnología. Hoy vemos a diario una sociedad real deseosa de imitar patrones de la realidad virtual, con algunos eventos donde ya la inteligencia artificial y los algoritmos generados por los *Numerati* están tomando el control de las acciones.

Cambridge Analytica ha llevado a Mark Zukerberg, no solo a comparecer ante el senado estadounidense, sino también a cambiar los protocolos en la gestión de datos de los usuarios. Estamos pues ante una nueva realidad, que no es realidad virtual porque trasciende el ámbito informático, pero que tampoco puede entenderse sin la realidad diseñada en el entorno cibernético, sin las presiones de la opinión pública virtual que son cada día más determinantes en el espacio público. Esta nueva relación, entre lo real y lo virtual, podría definirse como bien sugiere Carlos Elías, como una "Ciberrealidad", por hacer referencia a la realidad de los seres biológicos (los humanos), pero condicionada por lo que sucede en el entorno virtual.

Un nuevo ecosistema comunicacional, nos diría Carlos, Scolari (2007), investigador de las Hipermediaciones, a partir de su metáfora del estanque. Un depósito en el que habitan diferentes bichos, un día alguien introduce una especie distinta que comienza a alterar dicho ecosistema. La interrelación entre la nueva especie y el resto, puede dar pie a la presencia de otro depredador, puede ser deborada y ser un ente maligno para algunas especies, o bien, generar una especie nueva más resistente y poderosa. Lo mismo ocurre en el ecosistema de los medios de comunicación, emergen nuevos medios, los *numerati* diseñan nuevas aplicaciones y plataformas que depredan, mutan e impactan en el estanque sociocultural de la opinión pública[24].

Respecto a la preocupación de que la inteligencia artificial actúe en contra de los humanos, como ocurre en las películas de ciencia ficción, hay que decir que esto ha comenzado a suceder desde que el hombre dejó de hacer simbiosis con la naturaleza para hacer simbiosis con la tecnología. Desde entonces, no hemos dejado de pagar facturas en diversos ámbitos de la vida. El cambio climático es uno de ellos. En el terreno de las relaciones sociales y el comportamiento humano, tenemos las *fake news*, la *infoxicación*, la crisis de atención, el *selfimismamiento* en que vivimos, la privatización de la opinión pública que ejercemos en un entorno de aparente libertad y los dispositivos digitales como armas de distracción masiva.

Hace un par de meses leí una entrevista difundida por los medios Infobae/Sin embargo, al tecnólogo del Centro sobre Responsabilidad en las Redes Sociales de la Universidad

---

[24] En el marco del *Talent Land* en Guadalajara, fue presentado el primer androide con inteligencia artificial avanzada creado en el planeta. El evento generó una gran fascinación por su grado de inteligencia, así como cierta preocución por el futuro, si este tipo de especie entrase en contacto cotidiano con los humanos. Sophia es el nombre del androide y puede mantener dos tipos de conversaciones, casuales que implican intercambio de información básica y diálogos más complejos con argumentos programados en su disco duro. Si la identidad digital existe, y tiene como base la portabilidad numérica, Sophía es la representante de esta nueva identidad, la ciudadanía que le ha sido otorgada por el gobierno de Arabia Saudí, sostiene la afirmación.

de Michigan, Aviv Ovadya, quien viene advirtiendo de los excesos de la economía de la atención creada por los *Numerati*, debido a que no hay un sistema de controles y equilibrios que permita un uso adecuado en términos, no solo comerciales, sino también sociales. Las predicciones de Ovadya nos colocan en la peligrosa situación en la que cualquier persona u organización política con los recursos y malicia suficiente, puede desatar la *infocalipsis*. Sí, diseñar una realidad matemática para desatar problemas políticos y diplomáticos de consecuencias lamentables. La ecuación es simple: un algoritmo de aprendizaje automático, nutrido de cientos de horas de videos con mensajes de contrastes, diseñados para generar una incesante interacción, que vaya configurando una realidad virtual casi imperceptible. No olvidemos que el contenido de las plataformas es gobernado por incentivos emocionales y sensacionalistas, que es la base de la economía del *like*, lo que explica en parte el contenido de baja calidad que abunda en ecosistemas como Facebook, Twitter y YouTube, potentes aceleradores de contenidos.

Lo anterior tuvo sus inicios hace varias unas décadas. Uno de los primeros en observar este fenómeno fue Walter Lippman, en honor a él fue acuñado el término "Recurso lippmaniano". Una corriente que intenta determinar la realidad, no precisamente por lo que experimentamos, sino por lo que publican los medios de comunicación, a los que hoy habría que agregar las nuevas plataformas mediáticas y redes socioculturales. Lo grave de esta realidad falsificada es que atenta contra uno de los fundamentos del discurso humano, que es justo la credibilidad de los hechos, como bien señala Ovadya.

El escritor y matemático Marcus Du Sautoy, en su reciente libro *Lo que no podemos saber*, aborda, entre otros, los límites del conocimiento científico. Una de sus premisas es que los que entienden matemáticas controlan el mundo: "Creo que la gente se da cuenta de que los *numerati*, los que tienen las matemáticas, tienen poder". Otra, es que el conoccimiento es como una hidra griega: cortas una cabeza y aparecen dos más. Esta imagen del conocimiento es un círculo que, según crece, el borde, que representa la frontera con lo que desconocemos, también parece agrandarse. Enfatiza la relevancia que están teniendo las matemáticas, el idioma de los nuevos Jefes de Estado, los *Marcatenientes*, los *Numerati* de Google, Facebook y Apple, así como la necesidad de establecer límites, como de hecho está haciendo el senado estadounidense y el Parlamento Europeo, que ha puesto freno a la obsolescencia programada, por ejemplo.

La economía de la atención, diseñada y promovida por los *numerati*, nos ha instalado en una excesiva abundancia, ante la desinformación y carencia de curaduría en los contenidos, pero quizá lo más grave de todo sea la privatización de la opinión pública, camuflada mediante algoritmos, la comercialización de las relaciones sociales, la venta de nuestros perfiles y esa desenfrenada e incorregible manera de compartir contenido basura, actitud que cierra la ecuación de este modelo de corte mercantilista. Todo esto que lleva a los perfilados de las redes, al extravío, a la apatía, a la infobesidad, a la desorientación, a la individualidad colectiva, ejercida y recreada en una profunda soledad, en una aparente sociabilidad y solidaridad (en redes). Pareciera que la soledad es la mejor forma de estar acompañados, como dice el poeta Raúl Bañuelos. Lo anterior cierra las posibilidades al consumo cultural, por ello, es importante que los Agentes Culturales entiendan este nuevo sistema algebráico.

LA RED COMPARTIDA Y EL 5G EN EL ACCESO A LA CULTURA

Los Agentes Culturales deben estar enterados de que hace poco más de dos años fue licitada la denominada Red Compartida al Consorcio Altán, integrado por varias empresas constituidas entre fondos de inversión y operadores del sector de las telecomunicaciones. Lo que ganó este grupo fue una concesión para construir, operar y actualizar durante 20 años el proyecto de servicios móviles más ambicioso de la historia del país, conocido como Red Compartida. El propósito de este proyecto es mejorar servicios de seguridad nacional, telemedicina, educación a distancia y generar un mayor acceso a bienes y servicios, entre ellos los culturales. Los ganadores de la licitación deberán desplegar una gran infraestructura a lo largo del país; un proyecto complejo, dada la orografía y extensión territorial, tanto que ha sido considerado de alto riesgo financiero y tecnológico, lo que explica que solo haya habido dos competidores en la licitación y que el ganador haya tenido que integrar un consorcio de varias empresas. Es verdad que es importante estar conectados, pero bajo mi punto de vista, lo más importante en este ambicioso proyecto es el objetivo social; conectar a los desconectados y llegar a sitios donde los operadores de otras licitaciones no han invertido; en otras palabras, donde el Estado no ha hecho valer su rectoría en esta materia. La cobertura proyectada es de 92.2%, permitirá garantizar el derecho de acceso a las TIC y la banda ancha en seis años, impulsando con ello el derecho de acceso a los bienes y servicios culturales, puesto que se instalarán más redes de banda ancha, para detonar el crecimiento económico, social y cultural del país.

Debo decir que la presentación del proyecto se quedó corta en relación a lo que se puede lograr en materia de acceso a la cultura, pues solo consideró en su avance progresivo de cobertura, a los denominados Pueblos Mágicos. Sí, esos que están siendo desmantelados de presupuesto en el nuevo gobierno. El punto es que me parece limitado ver las grandes bondades de la Red Compartida en este pequeño programa, puesto que puede hacerse un despliegue tecnológico más allá de la oferta turística. Representa la oportunidad de implementar una Política Digital para la Cultura, puesto que el alcance que se plantea a seis años, da para hacer realidad, de manera progresiva, el derecho de acceso a los bienes y servicios culturales que debe prestar el Estado, a través de una política de estas características. La apertura de la Cumbre Asia-Pacífico en Perú hace un par de años, no pudo ser más descriptiva. Fue inaugurada por el fundador de Facebook, Mark Zuckerberg y un mensaje especial del presidente anfitrión, Pedro Pablo Kuczynsky quien, con gafas de realidad virtual, pidió a los asistentes un mundo más conectado para combatir la desigualdad.

En relación al impacto del 5-G en el ámbito del arte y la cultura, se puede ver a partir de las principales novedades que ha dejado el Mobile World Congress 2019 son tan excitantes como prometedoras[25]. No solo en relación a aparatos y aplicaciones, sino también en términos de una nueva generación de red móvil, la denominada 5-G, que brindará una mayor conectividad y velocidad, por tanto nos introducirá en una suerte de cultura uberizada que terminará por afianzar la cultura a domicilio, cambiando radicalmente el consumo cultural presencial y de adquisición. Esta afirmación descansa en el hecho de que la denominada Canasta Básica de Consumo Aspiracional, nos dice que la gran mayoría de usuarios tiene un teléfono móvil de alta gama, esto es, que ya puede ir pensando en la nueva fase tecnológica[26].

UNA POLÍTICA DIGITAL PARA LA CULTURA

Desde hace algunos años, con los colegas Jorge F. Negrete, Director de Digital Policy and Law y José Manuel Hermosillo, socio fundador de Artículo 27 S. C. hemos venido madurando la idea de pasar de la digitalización de la burocracia al desarrollo de una política pública en la materia, uniendo principios constitucionales, legislación secundaria, programa de gobierno, líneas de acción gubernamentales y una alineación transversalidad con oros sectores estratégicos para la creación

---

[25] Jorge Fernando Negrete señala que la evolución en este terreno ha sido así: 1-G tu llamada de voz móvil, 2-G llamada móvil, más mensajes SMS; 3-G lo anterior más correo electrónico; 4-G banda ancha gran velocidad para bajar videos; y 5-G, esencialmente video 4K y conectividad a todo, el denominado internet de las cosas, o mejor dicho Uberización de las cosas. Una nueva generación inalámbrica de mayor calidad y velocidad.

[26] Del total de usuarios mexicanos con celular inteligente, 36.4 millones instalaron aplicaciones en sus teléfonos, 92.1% para mensajería instantánea, 79.8% herramientas para acceso a redes sociales y 69.7% contenidos de audio y video. Un estudio reciente de Competitive intelligence Unit, muestra que los smartphones son ya una de las principales ventanas para el mundo del entretenimiento en México.

de indicadores y el desarrollo de metas institucionales. El objetivo general es garantizar un mayor acceso a los bienes y servicios culturales que debe prestar el Estado. Partimos de lo establecido en la Estrategia Digital Nacional, donde el gobierno federal se ha comprometido a desarrollar una Agenda Digital de Cultura, promotora de visitas virtuales a museos y sitios históricos...Dicha Agenda está orientada a impulsar el aprovechamiento de las tecnologías de la información; cuenta con líneas de acción orientadas a posibilitar el acceso universal a la cultura mediante el uso de las TIC; a desarrollar una estrategia nacional de digitalización, preservación digital y accesibilidad en línea, del patrimonio cultural; dotar a la infraestructura cultural nacional de acceso a las TIC; estimular el desarrollo de las industrias creativas y a crear plataformas digitales para la oferta de contenidos culturales, así como a impulsar la creación e innovación digital. Todo esto está establecido y considerado tanto en las reformas en materia de telecomunicaciones como en la reciente licitación de la Red Compartida.

En este modelo de Política Digital para la Cultura, es necesario considerar también las recientes reformas a las Leyes de Ciencia y Tecnología, General de Educación y Orgánica del Conacyt, orientadas a terminar de democratizar la información y el libre acceso a todo lo que el Estado produce con fondos públicos. Esto es, caminar hacia el paradigma del "Acceso Abierto", a través de la difusión gratuita del conocimiento generado con recursos públicos y con la creación del Repositorio Nacional de Acceso Abierto a Recursos de Información Científica, Tecnológica y de Innovación, de Calidad e Interés Social y Cultural, que deberá estar disponible todos los ciudadanos. Lo anterior garantiza el derecho de todos a estar informados a través de los nuevos medios de comunicación, así como a acceder a bienes y servicios culturales, que aún no terminan de ser nacionales[27].

Conscientes de que el derecho a la cultura se fortalece a través de la educación, en la Política Digital para la Cultura, consideramos lo establecido en la Agenda Digital Nacional en materia de educación de calidad, cuyo compromiso es integrar y aprovechar a las TIC en el proceso educativo para insertar al país en la Sociedad de la Información y el Conocimiento, mediante objetivos y líneas encaminadas a dotar de infraestructura TIC a las escuelas del sistema educativo; ampliar las habilidades digitales entre los alumnos mediante prácticas pedagógicas, crear contenidos digitales alineados con planes curriculares e impulsar la evaluación de estos, con el propósito de incorporar el uso de las TIC, así como la incorporación de estas en la formación docente como herramienta de uso y enseñanza.

En materia de acceso a bienes y servicios culturales, plateamos la posibilidad de diseñar e implementar una agenda de eventos conmemorativos y de recreación de la identidad cultural nacional regional, estatal y municipal,

---

[27] Con este acceso abierto en la sociedad del conocimiento, con las reformas secundarias en materia de telecomunicaciones y esta licitación, se impulsan de forma progresiva los Derechos Humanos al ponerlos en concordancia con el desarrollo tecnológico. Estamos ante una reforma fuertemente ligada al artículo 4to., constitucional en materia de cultura, que establece el derecho de acceso a los bienes y servicios culturales que debe prestar el Estado.

en plazas y espacios públicos; particularmente, en aquellos que se han venido recuperando como parte del programa de cultura para la paz, que tiene el propósito de fomentar el esparcimiento y aprovechamiento del tiempo libre. Además de sitios tradicionales, tales como quioscos, casas de la cultura y plazoletas, es necesario echar mano de la tradición que sigue reuniendo a la gente en torno a estos espacios a escuchar música. Realizar un inventario y una catalogación de espacios públicos para saber cuál es la capacidad instalada real en el país, así como los bienes y servicios culturales con los que se cuenta y lo que podrían aportar cada una de las secretarías de manera trasversal. Lo anterior para en su caso digitalizar contenido, adaptarlo a un formato de presentación pública y generar un mayor impacto en su difusión.

Estoy seguro que una Política Digital para la Cultura que sepa utilizar la conectividad, puede desarrollar un programa verdaderamente nacional de los conciertos, por ejemplo, de la Orquesta Sinfónica Nacional, del Coro y el Ballet del Instituto Nacional de Bellas Artes, así como lo mejor de la programación de las instituciones culturales del país. Considérese el material de la Cineteca Nacional, las producciones del Centro de Capacitación Cinematográfica, el trabajo realizado por los becarios del Fondo Nacional para la Cultura y las Artes; hallazgos e investigaciones del INAH; documentales, programas y series del Canal 22; obras teatrales de espacios como el Teatro Helénico etc. Todo esto, complementado con realizaciones artísticas y cultuales de cada región, entidad o ciudad de la república para tener una agenda equilibrada. Asimismo, manifestaciones culturales de otros países, para recrear tanto nuestra identidad nacional, como fomentar el diálogo entre culturas. Por ejemplo, este esfuerzo, si se hiciera, requiere de la intervención de Agentes Culturales que sepan trabajar por tramos de competencia.

El derecho de autor del siglo XXI

Con la polémica y contundente aprobación de la reforma al Copyright hecha en el Parlamento Europeo, ha dado inicio el diseño del derecho autoral de este siglo. Se trata de una reforma que deja muy claro que los contenidos de la red pueden ser libres pero no gratuitos, por estar en juego derechos conexos relativos a la creación intelectual, que deberán pagar los marcatenientes de la red y los numerati de los contenidos, si lo que quieren es que su Economía de la Atención siga creciendo.

Extraña fue la posición de los eurodiputados del denominado Partido Pirata, que hace algunos años llegó a tener una fuerte cantidad de seguidores en diversos países de Europa por su bandera del software libre. Dicen que la reforma no ayudará a los artistas y pone en riesgo la libertad en Internet. Esto es, comienzan a anarbolar otra bandera… Si su meta era, fundamentalmente, legalizar el intercambio de archivos digitales para uso personal, esto ya es aceptado en términos generales, dependeindo de los fines con que se hagan dichas descargas, incluso si se comparte el material con otra persona, puesto que es considerado como equivalente al préstamo de un libro. Por tanto, esta reforma es un avance en el reconocimiento legal de la creatividad y en la responsabilidad social de los contenidos. Aquí la posición debe ser clara. Internet no puede depender del estado de ánimo de los cibernautas y los agregadores de contenidos, sino de un estado de derecho.

En los últimos años se habían estudiado diversas prácticas gubernamentales como las implementadas por el Ministerio de Cultura francés, por cierto facultado para emitir recomendaciones vinculantes a los organismos encargados de vigilar el correcto desempeño de los medios de comunicación, esto en defensa de la protección a la creación; o bien las medidas anunciadas por el gobierno británico de reducir el ancho de banda, en lugar de la desconexión como ocurre en Canadá, a aquellos usuarios que fueran sorprendidos descargando contenidos de forma ilegal.

Los artículos reformados en el Europarlamento son básicamente dos, el 11 que crea un derecho conexo para editores de prensa, que permitirá autorizar o no a los agregadores de noticias online, a saber Google News etc., la reproducción de publicaciones de sus medios, así como decidir si quieren cobrar por ello, lo cual dependerá de sus respectivos modelos de negocio, pero la posibilidad ahí está. Cabe señalar que la reforma no afecta a los enlaces, tan gustados en la red, pero sí a los fragmentos de noticias, los denominados *snippets* y su uso por parte de plataformas comerciales, por ser una descripción resumida, extraída por los motores de búsqueda web y presentada de forma atractiva en los resultados de lo que busca el usuario, lo cual alimenta un modelo de negocios.

La reforma al artículo 13 establece que los portales que almacenan, optimizan y difunden contenidos de usuarios con fines comerciales, casos como YouTube, se harán responsables de lo que los usuarios suban. Anteriormente estaban obligados a observar dicho contenido una vez en la red, y a actuar a petición de parte, cuando hubiera un señalamiento expreso de violación del copyright. Ahora deberán obtener una licencia por parte de los dueños del contenido e implementar medidas que impidan alojar obras protegidas sin autorización. Hay quienes ven en esta medida la posibilidad de acciones de censura, sin embargo hay que considerar que establece excepciones para empresas pequeñas, blogs, videoblogs, páginas personales, así como para los denominados memes, cartones y parodias.

Aquí cabe observar lo que ha hecho la propia Biblioteca Nacional de España. Ha seleccionado una serie de memes por el valor histórico y testimonial que poseen. Y justo uno de los problemas que enfrentan, es que este contenido, y en general el digital de valor histórico y testimonial, está alojado en plataformas privadas con condiciones de uso que restringen su resguardo. En ese sentido, la reforma en cuestión también prevé mecanismos de queja y restablecimiento de contenidos que pudieran ser eliminados de forma arbitraria o injusta. Este es uno de los modelos de legislación que se discutirá algún día en México. Debemos estar preparados porque en términos generales, deja claro que tanto la libertad creativa como la de opinión, enmarcadas en el derecho de acceso a la cultura y el derecho de acceso a la información, respectivamente, no pueden estar por encima del derecho de los creadores a vivir de lo que producen. Es en función de este derecho que los gobiernos, a través de los parlamentos están obligados a generar las mejores condiciones posibles para hacer valer el desarro de acceso a la cultura y el ejercicio de los derechos culturales.

Si la denominada Economía de la Atención impulsada por los *Marcatenientes* de la red y los *Numerati* de los contenidos quiere seguir creciendo, deberá pagar a los creadores y desarrolladores de ideas y diseños. Un duro golpe para los *Numerati* que alimentan de contenido las redes sociales, pero alguien tenía que decirles que no todo es cuestión de algoritmos. Sigue siendo inaceptable que estas operaciones algebraicas, diseñadas y alimentadas por ellos, decidan lo que aparece en la red en función de intereses económicos y comerciales, y eliminen al mismo tiempo lo que a estos intereses no conviene.

Nunca como en la actualidad la realidad social había estado tan a merced de la manipulación. Nunca el consumo tan dirigido, nunca el arte, un ámbito de contemplación y reflexión, había sido invadido por un gélido, mecanizado e impersonal sistema de medición. Visto así, los *Marcatenientes* de la red se presentan ante los prosumidores y usuarios, por primera vez en la historia del desarrollo tecnológico de Internet, en calidad de *frenemies*[28].

---

[28] El 26 de octubre de 2018 Christie's, subastó el retrato de un hombre vestido de negro, de aspecto puritano y rostro sombrío. Una de las primeras obras de arte del mundo pintadas por un algoritmo, mismo que aparece en la parte inferior derecha, justo en el espacio reservado a la firma del autor. Será la primera subasta de un cuadro realizado por inteligencia artificial, lo cual dispara una pregunta pertinente ¿Quién es el autor? Considerando que 1) el algoritmo fue diseñado por un colectivo de artistas que trabajan la fusión del arte con la inteligencia artificial; 2) que en el desarrollo del algoritmo, estos alimentaron el sistema con datos de 15.000 retratos pintados entre los siglos XIV y XX e introdujeron un factor discriminatorio que distinguiera obras hechas por humanos y obras hechas por la máquina; y 3) que la premisa del colectivo es que la creatividad no es inherente solo a lo humano; que un algoritmo normalmente funciona replicando el comportamiento humano, pero aprende usando su propio camino, y que cuestionan ¿Cuánto necesita un humano intervenir en una obra para que se considere artística? Sí, el Retrato de Edmond de Belamy, como ha sido titulado, pasará a la historia del arte y de la tecnología como la primera obra algorítmica subastada. Sí, la llegada de la inteligencia artificial al mundo del arte viene acompañada de grandes desafíos, entre los principales está la autoría de estas denominadas obras de arte, de cara al derecho de autor, y más particularmente al derecho moral. Inicia pues, el diseño autoral del siglo XXI.

EL TRÁNSITO DE LA POSESIÓN A LA SUSCRIPCIÓN

Es fundamental que los agentes culturales comprendan también el tránsito que estamos viviendo que va de la posesión a la suscripción y de esta al acceso. Donde el libro impreso, como aún lo conocemos, que ha sido durante siglos la base de la cultura, por lo menos desde la denominada Galaxia Gutenberg, forma parte ya de la cultura a domicilio. Ya no es necesario apropiarse de esos objetos culturales llamados libros con aquella actitud burguesa de antaño, como afirma Frédéric Martel (2014), sino optar solo por tener acceso a ellos.

En las últimas décadas del siglo pasado, en la denominada Galaxia McLuhan, fue un importante difusor de ideas y base central de la educación formal. En la actualidad, en esta segunda década del siglo XXI, enmarcado en lo que podríamos llamar la Galaxia Microsoft, ha pasado de ser un bien cultural, a un servicio de acceso. Una suerte de moneda social que pasa de la obra al texto y de este al hipertexto: una transición marcada por la desvaloración del trabajo escrito, característico de ese emocionante paso de lo narrativo a lo visual y de lo visual a las plataformas multimedias propias de nuestra cultura actual, una cultura de masas personalizada. Lo anterior nos convierte en una suerte de prosumidores o produsuarios; que se mueve en una cultura red y se erige en una cultura de autoría, una cultura en la que, como diría Emmanuel Carballo suele haber más escritores que lectores.

Visto desde el ámbito de la industria editorial y del comercio de bienes y servicios culturales, el libro enfrenta diversas batallas, una de ellas, se da constantemente al seno de organismos como la UNESCO, que concibe al libro como un bien cultural, en oposición a la Organización Mundial del Comercio, para quien un libro es un producto más en el mercado. Como sabemos, México forma parte de ambos organismos; y por ende, de los países que han optado por el modelo continental, partidario de las políticas fomento e impulso al libro y la lectura; contrario al modelo anglosajón, promotor del libre mercado, la oferta y la demanda.

Fue en este marco de discusión que en nuestro país el entonces presidente Calderón levantó el veto impuesto por su antecesor a la Ley del libro, por el denominado Precio Único, una medida de fomento que el equipo del ex presidente Vicente Fox, de la Comisión Federal de Comercio, vio como contraía a las reglas de mercado. Sin embargo, un par de años más tarde, luego del levantamiento del veto y el amparo promovido por diversos editores, la Suprema Corte de Justicia de la Nación declaró constitucional el Precio Único del Libro. Lo anterior, por considerar que es una medida que garantiza una competencia justa en el terreno del servicio, que permite entre otras cosas, la existencia de pequeñas librerías; y no en el terreno de la oferta, donde solo se benefician las franquicias y establecimientos que no viven de la venta de libros. El criterio de la Corte fomenta la bibliodiversidad, así como el diseño e implementación de políticas culturales en torno al libro y la lectura.

El almacenamiento como negocio en la era de la datósfera

Otro de los puntos relevantes que considero debe tener en cuenta todo Agente Cultural, es que vivimos una digitalización de contenidos en la que, la mayoría de las veces, la realidad nos demuestra que más es menos. Esta inmersión en una suerte de datósfera donde la suscripción, y ya no la propiedad, determina el consumo cultural y está marcando el futuro de los bienes y servicios culturales, el libro entre ellos. No son pocos los que cada vez disfrutamos más las descargas y ese efecto catálogo que ofrece la industria del entretenimiento. Vamos pasando así de una industria generadora de bienes culturales a una generadora de servicios, donde la capacidad de almacenamiento es determinante.

Hace algunos años se llevó a cabo lo que en su momento fue calificada como la mayor compra de la historia de las tecnologías, protagonizada por Dell y la firma de inversiones Silver Lake, que compraron la empresa de almacenaje y procesamiento de datos EMC, por la cantidad de 67 mil millones de dólares. Esta compra representa la última etapa de la evolución de Dell, que mutó de fabricante de computadoras personales a proveedor de servicios para empresas, un sector muy rentable en el que buscaba captar parte de la cuota de mercado que tenía IBM y Amazon Computes Services, que brindan servicios de almacenamiento y gestión de datos a Marcatenientes como Netflix, para darnos una idea de lo que estamos hablado. La datósfera pues, ha demostrado ser el futuro de la computación, si consideramos que, según estimaciones tanto de Dell como de Microsoft, dicho futuro está cifrado en la generación de un ecosistema de computación más grande, con nuevas categorías y desde la denominada nube de forma híbrida, esto es, el uso de redes públicas y privadas que será accesible para cualquier tipo de empresa.

El propósito es mejorar el día a día de las personas y tener empresas más productivas. Esto es, establecer un Internet de las cosas o, mejor dicho, un Uber de las cosas. La sociedad de los cálculos algorítmicos diría Daniel Innerarity, donde la sociedad ya no es observada desde categorías en las que encajarían los individuos, sino a partir de los rastros que va dejando en la red, capturados como acontecimientos, sin categorización alguna. Por estrategias como esta es que la red ha dejado de ser una herramienta al servicio de la humanidad, como afirma Enric Puig, hoy es un sistema que pone a la humanidad a su servicio. Pensemos esto en clave cultural.

Taylorismo digital. Los nuevos tiempos y movimientos en el consumo cultural

El Taylorismo de los años sesenta buscó convertir el trabajo en una ciencia, maximizando aparentemente la producción de los oficinistas. Era un sistema basado en tiempos y movimientos, orientado a vender lo que se producía. En la actualidad, la predecible economía del *Mindware*, economía basada en las ideas, ya no se vende lo que se produce, sino que se produce solo lo que se vende, gracias a estos nuevos tiempos y movimientos marcados por esto que denomino Taylorismo digital. Recurro nuevamente a la industria editorial para ejemplificar el fenómeno, y decir que bajo este nuevo tipo de producción esta industria puede convertir un *long-seller* en *best-seller* y al mismo tiempo en *fast-seller*. Estos nuevos tiempos y movimientos en el consumo cultural nos llevan a vivir emparedados entre las aplicaciones y las ciberventas implementadas por los *Marcatenientes* de la red y los *Numerati* de los contenidos.

El gurú estadounidense del libro, Ed Nawotka, describe este esquema al hablar de Amazon. A esta empresa, dice, no le interesa el sector del libro ni saber que los escritores están en el precariato. Su Taylorismo digital, sus timepos y movimientos comerciales hacen casi imposible poder ensanchar nuestros horizontes, debido a esa apuesta y fascinación por los *fastsellers* versión *e-books*, que viene generado. Es quizá aquí donde podemos enmarcar al reciente Premio Nobel de literatura, Bob Dylan; en este nuevo modelo de consumo cultural generado por contagio. Polémico desde luego como todo lo que está ocurriendo en las denominadas industrias culturales, hay quienes se preguntan incluso ¿Qué es más grande, el premio o el premiado? Y responden que, hasta 2017, el premio, según se mire. Lo cierto es que, en el terreno de la creación literaria, estamos ya ante la premiación, promoción y difusión de una literatura capaz de llenar estadios, una literatura de ascensores y supermercados, que describen bien Fernando Arqmburu y Javier Rodríguez, quienes apuntan que esto exige romper los mármoles mentales y liberar categorías intelectuales.

Si se mira detenidamente, en efecto, asistimos desde hace algunos años, una vez más a un trasvase entre industrias, a una reprocultura de contenidos generada a partir de la constante convergencia de modos, donde unas industrias salvan la situación de otras. Véase el auge que están teniendo en América Latina las Biopics. Tan solo en México, Juan Grabriel, Celia Cruz, Lupita D'alessio, Pablo Escobar, Julio César Chávez, José José…O bien, los libros sobre personajes mediáticos como futbolistas de la talla de Maradona, entrenadores como Pep

Guardiola, *rockstars* como Bono, políticos como Obama etc…
una apuesta reprocultural que revitaliza a la industria[29]. Y
qué decir de las obras llevadas al cine, al teatro y a las series
televisivas. De la literatura *how to*, también denominada de
evasión, de autoayuda (autoengaño), que no hace más que
crecer e invadir las ferias de libros, al presentarse como la
solución a todos los problemas en una sociedad que tiene la
motivación y la atención por los suelos.

La revista Navegantes literarios, que coordina Izadora
Gonzaga desde su asociación Faros de luz y ciencia, el mes de
noviembre de 2019 publicó un cortoletraje del maestro José
Pulido Mata[30] intitulado "Quiero ser escritor rico y famoso"[31],
en el que narra en un breve diálogo epistolar de ida y vuelta
entre un señor de nombre R. López y el Dr. Diablo.

> **Querido Dr. Diablo, ser arcano de oscuridad y de tiniebla:**
>
> Siempre he querido ser escritor, pero no uno de esos pobretones bohemios
> que se vuelven famosos hasta después de muertos, no, no, señor, yo quiero
> ser rico y famoso en vida, hermano, en vida. Me quiero pasear por todas
> las ferias del libro del mundo, que me hagan homenajes y me den muchos

---

[29] **Reprocultura** es un término acuñado en 1997 por el estudiosos Yves Achille en su obra *Marchandisation des industries culturelles et developpment d´une reproculture*. La propuesta de este espacio está orientado al análisis de esta denominada "cultura de nuevo tipo", llamada también "cultura clónica", por el especialista Enrique Bustamante, para referirse a ese proceso de repetición ritualizada de un abanico ilimitado de fórmulas comerciales que propicia transformaciones en las programaciones de las industrias culturales y por ende, en el comportamiento de la sociedad. Ejemplo de esto son los lanzamientos intensivos de *fast-sellers*, de venta rápida y masiva que, poco a poco, intentan aplicarse al diseño de la creación simbólica en la comunicación y la cultura, para crear lo que se debe vender.

[30] El término cortoletraje es el poeta Óscar Tagle.

[31] Disponioble en: https://elfaroluzyciencia.com/2019/11/03/quiero-ser-escritor-rico-y-famoso-navegantes-literarios1/

doctorados honoris causa, ¡MUCHOS! Quiero ser el próximo Carlos Fuentes, el Murakami de Occidente, el Dan Brown latino, la J. K. Rowling pero en hombre... ¡¡¡Lo quiero todo!!! Lo malo es que ninguna editorial prestigiosa cree en mí. Ni siquiera la cartonera de la esquina quiso publicar mi primera novela, que es la primera parte de una saga que lleva por título: *La conspiración secreta de la cofradía misteriosa.*

SINOPSIS: Un detective jubilado y exmariscal de campo de los Pieles Rojas, el teniente Steven Johnson, sigue las pistas de un asesinato en la Casa Blanca en el que su única hija se vio implicada. Él no cuenta con que la Gestapo y los Illuminati le han tendido una trampa y va tras las huellas del verdadero asesino para liberar a la simpática Sara Lee Johnson de la prisión de Guantánamo, donde es torturada a diario por un ser misterioso que lleva un tatuaje de un compás y una escuadra en la mano izquierda. ¿Podrá el exdetective Johnson desentrañar los secretos que se esconden detrás de las misteriosas llamadas que recibe a diario de un personaje encapuchado que se hace llamar "La Sombra"? ¿Logrará pasar inadvertido en los rituales vampíricos de los Illuminati para evitar así la inminente llegada de una Tercera Guerra Mundial? ¿Será capaz de viajar en el tiempo hasta la mismísima Edad Media para aprender la magia de los druidas y los crípticos secretos de las antiguas runas zombis?

Cómo explicar la gran desilusión que me embarga, doctor, pues quizá mi saga jamás vea la luz. ¿Usted qué piensa? ¿Qué me recomienda? ¿Le agrego más zombis?

Atte. R. López

—CONTESTACIÓN—

Mi embargado amigo don Juan Ramón:

Densa y caudalosa es la mar de pena que me empapa al saber que su talento es poco apreciado por los magnates del emporio de los libros. Esos avariciosos intermediarios de la lectura nomás no reparan cuando de cortar sueños, alas y esperanzas se trata, qué bárbaros. Pero que no decaigan esos ánimos, mi ahíto compinche, y antes de que cometa cualquier tontería, como salir por la puerta falsa o autopublicarse en Amazon®, déjeme preguntarle algo: ¿ha intentado ya dedicarse a escribir literatura infantil?

Sí, escuchó bien: la literatura infantil. Sepa que tengo cuates que escribiendo peor que usted y cansados del fracaso le entran a este género comercial y ¡BUM! ¡Éxito! Así que... ¿por qué no intentarlo?

Muchos piensan que "escribir para niños" es fácil, creen que se trata de escribir para retrasados mentales, pero no… bueno, no necesariamente; hay que quebrársela tantito: hay que escribir pensando en lo que los editores piensan que es un niño, o sea, diversión, colores, letras chuecas, retraso mental, sonrisas, juegos y jardines con albercas. Por eso, lo reto a que reconfigure su saga llena de intriga Illuminati y esas cosas y ponga de personaje central a un niño… Momento, ya lo estoy viendo:

SINOPSIS: El pequeño Stevie Johnson pasa sus vacaciones en la casa de su abuela y sigue las pistas del robo de unas galletas en el que su mascota se vio implicada. Él no cuenta con que sus padres y su maléfica tía le han tendido una trampa con tal de llevarlo al dentista. Mientras, él irá tras las huellas del verdadero ladrón para evitar que el perro Morita sea "dado en adopción", o sea, entregado a la merced de un tipo con traje blanco que tiene una cicatriz de mordida en la mano izquierda y una máquina para electrocutar. ¿Podrá el pequeño Stevie desenmarañar el secreto que esconde el viejo feo que le toma fotos en el parque? ¿Logrará pasar inadvertido en los novenarios de su abuela para evitar que las demás viejitas le aprieten los cachetes? ¿Será capaz de adentrarse en la oscuridad del sótano para desempolvar la ouija y las revistas pornográficas que su tío dejó escondidas?

Pues bien, mi querido J. R. López, ¿ya ve que basta con ser un poco más asertivo y menos artista para convertirse en un verdadero artista? Entienda que la malentendida literatura infantil tiene un espacio para los fracasados como usted. Así que ya tiene mi bendición, ya puede seguir persiguiendo su sueño. Reciba mis parabienes.

Atte. Dr. Diablo

Este pequeño relato es una suerte de edición de la realidad que pervive en las editoriales y los autores marca que se vienen refugiando en los niños como puntos de venta. En otras palabras, cualquier cosa parecida a la realidad, es culpa de la realidad.

EL LIBRO COMO MONEDA SOCIAL

Todo lo anterior nos lleva a decir una vez más que el Agente Cultural debe estar al tanto de estas dinámicas. Saber que el libro en la actualidad es una moneda social. Esto es, opera como bien o servicio que permite conectar con la gente, como lo señala el creador de este concepto, el psiconauta Douglas Rushkoff. Una moneda social es eso que detona elementos en común que tenemos con otras personas y que confiere cierto estatus ante los demás (no propiamente un estatus social). El libro, en este caso, confiere estatus de lector, y nada agrada más a los twitteros y facebookeros, por ejemplo, que mostrarse así en sus respectivas redes sociales. El libro es el elemento que todos quieren compartir en la publicación de su estatus. *Marcatenientes* como Amazon han sabido leer el significado de esta moneda social, por ello utilizan al libro como un vehículo que les permite conectar con sus consumidores para hacer otro tipo de ventas. A este empresas no les importa la venta de libros, tanto como los datos del comprador. El libro para Amazon, como bien advierte Ed Nawotk, no es más que la puerta de ingreso a otro tipo de ventas para sus clientes, tales como ropa, vino o relojes. Cuando explico esto, suelen irritarse los Gestores Culturales, particularmente los promotores de la lectura, pero no está de más que entienda este fenómeno como Agentes más que como Gestores. Son de las cosas que pueden ayudar a pavimentar el sinuoso camino del salario emocional hacia el salario económico.

Es necesario que sepan también que existen planteamientos legislativos que buscan establecer dos tipos de IVA al libro. Hace un par de años se retomó en la Unión Europea el proyecto de la abogada general de la Corte de Luxemburgo, Juliane Kokott, encaminado a que las obras impresas gocen de un impuesto reducido y las electrónicas de uno más elevado. ¿Por qué? Quienes están a favor de esta medida sostienen que, aunque los textos son los mismos, no así la disposición al público. Aquí es importante recordar lo que hemos señalado antes, pasamos de la posesión al acceso y esto tiene otras implicaciones jurídicas, administrativas y fiscales que generan o modifican modelos de negocio[32].

El debate es sumamente interesante, entre otras cosas porque el Tribunal Constitucional de Polonia, por ejemplo, ha planteado al Tribunal de Justicia de la Unión Europea, a petición del Defensor del Pueblo polaco, que la aplicación de un impuesto diferente a los dos formatos no vulnera el principio europeo de la igualdad de trato.

Bajo mi punto de vista, el IVA diferenciado tiene sustento en lo ya expuesto, pues si bien es verdad que es un mismo contenido, son dos versiones diferentes, la versión bien o producto y la versión servicio. En términos de mercado, el libro es un bien, en tanto que su digitalización y disposición en la red, un servicio. Una de las vertientes actuales del derecho de acceso a la cultura. Como sabemos, en nuestra Constitución este derecho está establecido en el artículo 4to., constitucional como derecho de acceso a los bienes y servicios que debe prestar el Estado.

---

[32] Por esa razón existen en algunas países libros y periódicos, tanto en papel como en versión electrónica, a los que se aplican impuestos distintos que, en España, por ejemplo, es del 4 % y del 21 % respectivamente; lo mismo que en diversos países de la Unión Europea, que ya comienzan a protestar, porque la decisión hasta el momento es que las obras digitales paguen el IVA más elevado, con excepción de los libros electrónicos que se transmitan a través de un formato físico como CD o archivo USB.

En un hecho reciente, la Comisión Europea, Francia y Luxemburgo, se enfrentaron por la decisión de aplicar el impuesto reducido a los libros electrónicos, enfrentamiento que terminó en 2016, cuando el Tribunal resolvió a favor de Bruselas, obligando a Francia y Luxemburgo a subir de nuevo el IVA de los denominados e-books a la categoría más alta, por considerar, precisamente, que estamos ante un servicio y ya no ante un bien. Y es que no solo está en juego el gusto del consumidor, sino el proceso de elaboración, el lanzamiento y la distribución, que en el caso de las obras impresas es mayor. Esto es justamente lo que genera este tipo de IVA diferenciado. Hay quien sostiene que lo importante es el contenido y no el soporte. En lo personal, tengo mis reservas.

LA CULTURA A DOMICILIO

Como vengo sosteniendo desde hace años, el diseño y promoción de suscripciones provenientes de los emergentes modelos de negocios creado por los *Marcatenientes* de la red y los *Numerati* de los contenidos, ha modificado el consumo de bienes y servicios culturales en todo el mundo. Dicho consumo se da ahora a partir flujos y suscripciones.

La música, las películas, los videojuegos y los libros, son ya como el teléfono, inalámbricos. Es decir, ya no son productos que uno puede poseer, sino servicios a los que se puede tener acceso móvil; que pueden ser consumidos a través de diversos soportes digitales, donde sea y cuando sea, a partir de una suscripción general. Suscripciones que puede ser compartidas, dependiendo del modelo de negocio de cada empresa. Lo anterior nos instala en esa cultura domicilio de la que habla Nestor García Canclini

(2005), que ingresa a nuestros hogares a través de máquinas culturales, tales como pantallas de plasma, videoconsolas, Ipads, Iphons, Ipods, sistema de cable, Internet y gran parte de los productos que integran lo que el economista Ernesto Piedras, denomina Canasta Básica de Consumo Aspiracional.

En cada curso, en cada taller, en cada seminario y diplomado que imparto a Gestores Culturales, no dejo de insistir en algo que considero fundamental para la promoción y difusión del arte y la cultura. En que el tiempo ya no tiene la fijación que solía tener en la modernidad, debido a que hoy, en la posmodernidad, o mejor dicho, en la modernidad líquida, en términos de Bauman (2000), el tiempo depende fundamentalmente de la tecnología. Pero no solo esto, sino que, una de las revoluciones más determinantes en el comportamiento del ser humano de los últimos años, como bien ha apuntado Paul Virilio y Francisco Jarauta y el que escribe, es la domiciliación del tiempo y de la velocidad. Sí, hemos domiciliado el tiempo y la velocidad mediante aplicaciones como Whats App. Esto ha modificado los hábitos de consumo y códigos de conducta de las personas por la comunicación de masas individualizada en la que vivimos. Esto es importante en términos de consumo cultural[33].

---

[33] Considérese el Módulo de Lectura 2018, mejor conocido como Molec, una metodología diseñada para explorar y medir el comportamiento lector, publicada por el Centro Regional para el Fomento del Libro en América Latina y el Caribe (Cerlac) y UNESCO, que además busca obtener información sobre la lectura de libros, revistas, periódicos e historietas, tanto en soporte digital como impreso, además de la lectura de sitios de Internet o blogs. En dicho estudio se explican las razones más citadas por la población encuestada, señala que no lee. La principal de ellas es la falta de tiempo (45.6 %), seguida por la falta de interés (24.4 %), así como la preferencia por otras actividades (14.8 %). El propósito de este estudio es generar información estadística sobre el comportamiento lector de la población de 18 y más años de edad residentes en áreas de 100 mil y más habitantes. La actualización del citado estudio se puede ver completo en esta dirección: file:///C:/Users/Carlos%20Lara%20G/Desktop/MOLEC%202018.pdf

Preocupa, por ejemplo, la reducción del hábito lector entre jóvenes que leen algún material considerado por el Molec, que decreció de 84.2 % en febrero de 2015 a 76.4 % en febrero del presente año. Esto es, de cada 100 personas de 18 y más años de edad lectoras de los materiales de Molec, 45 declararon haber leído al menos un libro, mientras que en 2015 lo hicieron 50 de cada 100 personas. Sin embargo, al comparar la población lectora de libros, el porcentaje sobre el uso del formato digital, vemos que se ha incrementado de 5.1 % a 10.7 % entre 2015 y 2018. El motivo principal es el entretenimiento.

El promedio que se dedica por sesión continua de lectura es de 39 minutos y más de tres cuartas partes de la población de 18 y más años de edad lectora considera que comprende todo o la mayor parte de lo que lee, mientras que 21.6 % dijo comprender la mitad o poco de la lectura.

Preocupa también la reducción de asistentes al Festival Internacional Cervantino y a la Feria Internacional del Libro de Monterrey etc… Debemos entender que el desarrollo tecnológico genera nuevos consumos. Cada medio de comunicación impone un estilo específico de receptividad. Aquí la *teledensidad* y la *tecnosocialidad* nos pueden ayudar a entender estos descensos. Los operadores de red móvil con presencia en el país, reportan al tercer trimestre de 2018, 119.2 y 119.4 millones de suscripciones móviles, que incluyen líneas de operadores de red móvil y operadores móviles virtuales. Esto equivale a una penetración de 96.3 suscripciones celulares por cada 100 habitantes, cinco puntos más que el año pasado. El Agente Cultural debe ser capaz de ver que dentro de este universo de millones de usuarios, se encuentra la denominada comunidad cultural y sus nuevas formas de consumo. Datos de la revista Expansión revelan que el número de mexicanos con acceso a Internet también va en aumento, lo mismo que el número de usuarios con acceso a internet y teléfonos inteligentes. Por tanto, la portabilidad no solo es numérica, sino también de gustos y aficiones entre los *prosumidores* y *produsuarios* que operan estos dispositivos en movimiento.

Algo debe decir al Agente Cultural que, del total de usuarios mexicanos con celular inteligente, 36.4 millones instalaron aplicaciones en sus teléfonos, 92.1% para mensajería instantánea, 79.8% herramientas para acceso a redes sociales y 69.7% contenidos de audio y video. Un estudio reciente de *Competitive intelligence Unit*, muestra que los *smartphones* son ya una de las principales ventanas para el mundo del entretenimiento en México. Al cierre de 2018, contabilizaron un total de 121.8 millones de líneas móviles, de los cuales 106.7 millones son dispositivos inteligentes o *smartphones*. Un crecimiento de 7.2% con relación a 2017, que lleva a un porcentaje considerable de *produsuarios* de *wifieros* (*on line*) a estar permanentemente conectados (*on live*).

Como ya he mencionado anteriormente, dentro del vasto universo de gestores y promotores del arte y la cultura hay dos grandes sectores, los miopes que solo sabemos ver de cerca; y los présbites que solo saben ver de lejos. Es necesario contar con un Agente Cultural bifocal, capaz de ver de cerca y lejos. El Gestor Cultural tradicional, por ejemplo, se escandaliza por el descenso de público en el mayor festival internacional del país y en las ferias de libro, porque no entiende los factores que provocan este descenso. Es incapaz de observar el momento por el que pasa nuestro consumo cultural. Esta instalado en el modelo de medición que muestra la Encuesta Nacional de Hábitos, Prácticas y Consumo Culturales, cuya metodología ya en su momento era inapropiada (si lo que querían era medir el consumo de la primera década del siglo XXI), pues utilizaron una metodología del siglo XX, con preguntas basadas en el desplazamiento del consumidor, cuando ya no era necesario ir, acudir o presenciar la proyección de una película, un espectáculo escénico o bien, un concierto[34].

Insisto por ello en la necesidad de hacer un ejercicio de bifocalización para que el Gestor Cultural pueda ver de lejos y el Agente Cultural de cerca, si lo que queremos es poder analizar los cambios cuantitativos y cualitativos en el mercado del entretenimiento y tomar medidas que nos ayuden a encontrar cabida en las nuevas agendas culturales de los ciudadanos, y no solo en las agendas de los integrantes de la autodenominada comunidad cultural.

En este sentido, el agente entiende, asume y a partir de ahí trabaja sabiendo que está ante una generación, que ya no es la que recomienda lecturas de boca en boca, sino a través de likes, que concibe los libros como monedas sociales y que asume que el futuro de la cultura está en un servicio de red social. Este perspectivismo asusta a muchos Gestores Culturales por considerar que la cultura está en riesgo de caer en manos de los *Marcatenientes* proveedores del acceso a Internet y operadores

---

[34] Existe desde entonces una gran cantidad de música y cine (pirata) que se consume a diario en nuestro país mediante el fenómeno de la cultura a domicilio que no está siendo medido, como tampoco está siendo medido el alcance e impacto de estos eventos en redes sociales.

de telecom. Aquí es donde el Agente Cultural debe ser capaz de ver en la convergencia de modos y en el avance tecnológico, la apertura de nuevas formas de promover y difundir el arte y la cultura.

Este esfuerzo de bifocalización entre gestores y agentes, que permita una promoción estratégica del arte y la cultura de forma transversal, puede ayudar a recuperar la categoría de ciudadanos a los individuos que ha generado la comunicación de masas personalizada.

DEL PRECARIATO AL ENTENDIMIENTO DE LAS NEGOTENDENCIAS

Cuando me preguntan si es posible salir del precariato y establecer modelos alternos y exitosos de gestión, promoción y difusión del arte y la cultura, respondo que sí. Y digo que sí porque creo que no es una cuestión de tener mucha tecnología y un mayor presupuesto, sino de saber utilizarlos. Para ello, insisto, es necesario ser selectivos y dedicados en una o dos áreas y superar esa tendencia eterna a documentar el pesimismo y la precariedad del sector, que lo único que se logra por ahí es colocarse como mártires del sistema, cuando lo que se requiere son apóstoles de un proceso. Un proceso de formación en competencias para sintonizar con un consumo cultural cada vez más algorítmico, por ejemplo.

Desde los estudios del *Recurso Lippmaniano*, el *Efecto Guggenheim* relatado por Iñaqui Esteban, pasando por la difusión vertical de los gustos de Bourdieu, *La Selfie de Galileo* de Carlos Elías, que describe las bases del nuevo *software* social, el *Efecto Baumol*, del multicitado economista, *El*

Imperio de lo efímero de Lipovesky, hasta el planteamiento de cómo ha transitado la cultura de estimulante a relajante, y de más elementos que considero en el marco de la denominada *Reprocultura*, me llevan a decir que, o suman esfuerzos gestores, promotores y agentes para dejar de ser algo más que especialistas y promotores de lo que nadie busca, o permanecerá el precariato como modelo de gestión.

Aquí la *servucción*, por ejemplo, puede ser una gran estrategia en la promoción de bienes y servicios culturales, según propone Tony Puig (2009). Se trata de una *servucción* del servicio, la cual de entrada reconoce que es un término raro, pero lo importante es su significado dentro de un proceso de promoción y difusión de bienes y servicios culturales, puesto que imprime al proceso del marketing de servicios un tono "alto voltaje técnico". Encierra diversas estrategias, tales como el dinero, el espacio físico del equipamiento, necesarias para diseñar y promover el servicio, debiendo utilizar todas de manera óptima para que tome cuerpo y se convierta en una forma usable y atractiva para los ciudadanos consumidores culturales, que supere sus expectativas.

Es la síntesis, dice Puig, entre servicio y producción que pone énfasis en la idea de que un servicio está siempre en proceso de producción: todo servicio concluye su producción en la personalización, en el momento del uso. Pero señala que esta producción tiene un momento fuerte, el tiempo en que un servicio se construye por primera vez, o el tiempo en que un servicio ya existente se remodela para adecuarlo, para personalizarlo para cada ciudadano del público objetivo o un grupo de ellos.

Si parte de la idea de que en servicios siempre se está en acción, luego entonces hay que considerar que la repetición monótona no es posible, no es una opción. Hablamos de soportes. De aportes o estructuras que aseguran una coherente producción interaccionada del paquete del servicio a lo largo de todo el tiempo en que este servicio se ofrezca. Por ejemplo, la calidad del servicio público de cultura, o bien, la promoción de bienes y servicios culturales, depende más del embalaje o de la artesanía de su proceso de producción, que del bien en sí. En la *servucción*, se parte de la idea de que un servicio no es, casi nunca, un sólo servicio, sino un conjunto de servicios con un servicio central fuerte; pensado y trazado para satisfacer la necesidad comprendida del público. Este servicio es el denominado servicio nuclear; el resto son periféricos basados en las bondades del servicio central. Ejemplo, una obra de arte, una colección o bien, el museo completo pueden detonar servicios periféricos en relación al servicio nuclear fuerte.

Es necesario entender aquí, que ya no operamos en una economía de subsistencia, sino en una econocmía creativa, donde el primer sector son las ideas. La servucción exige ideas, ideas centrales y periféricas.

Un glisando hacia el lado B de la creación

Todo proceso creativo tiene por lo menos dos etapas, así, en general. Planeación y ejecución. Una canción por ejemplo, a la manera de ciertos autores, tiene un lado A y un lado B; otros optan por hacer primero la letra y después la música o viceversa. La propuesta de hacer un glisando, esto es, un ascenso tanto de tonos como de octavas, es para construir una suerte de puente que ayude a transitar de un lado a otro de la creación. Creo fielmente en que los creadores, promotores, agentes y gestores del arte y la cultura deben ser capaces de hacer un glisando para dignificar la profesión, el sector, o como quiera que llamen el espacio en el que ejercen su oficio.

Se trata de salir del precariato de forma creativa, ordenada y estratégica, conociendo el mercado, aprendiendo a curar, dispuestos a romper dicho modelo y canalizar su emocionalidad en la construcción de uno distinto; basado en el respeto a los derechos de autor, a la libertad creativa a los derechos laborales, recolocando el valor de todo aquello que sabemos hacer en la promoción de bienes y servicios culturales. Solo así sería posible iniciar un proceso de dignificación capaz de romper el precariato.

Confío en que el trabajo conjunto, ordenado y estratégico de esta gran comunidad creativa puede ayudar a la comunidad en general a abandonar la categoría de individuos, en la que nos metió la comunicación de masas personalizada, y recuperar nuestra calidad de ciudadanos. Creo además en la prosperidad incluyente a través del arte y la cultura, una prosperidad generadora de mejores condiciones de desarrollo económico, social, cultural y ambiental. Bajo mi particular punto de vista, requerimos cuatro soportes para una nueva mesa de trabajo, pero no para mesarredonderos, sino para Agentes Culturales.

1.- **Entender el mercado.** Los Agentes Culturales deben ser capaces de entender el nuevo consumo cultural y ofrecer al consumidor cultural lo que a este le gusta, y no lo que ellos quieren. Deben saber que su marco ya no es el de la economía de subsistencia, sino una economía creativa. Una economía en la que priman las ideas; donde cada idea es un negocio. Por tanto, debe dejar de trabajar solo con el corazón de Gestor Cultural (*otium*) y comenzar a trabajar también con la cabeza de Agente Cultural (*nec-otium*).

2.- Saber curar. Es necesario que conozcan las bondades y el poder de la curaduría selectiva. Entender que el valor de los bienes y servicios culturales, reside hoy en la curaduría. Saber curar bienes y servicios. Hace un par de años, leí un twitt de @jOsearcadiO, que preguntaba al guionista Guillermo Arriaga si podía responder una pregunta. Deseaba saber qué hacía cuando compraba un libro y empezaba a leerlo, si no le atrapaba la historia, estilo etc. ¿Se obliga usted a leerlo, o habiendo tanto por leer en el mundo, pasa de dicho libro? El guionista respondió: "Le doy una oportunidad al empezar. Si no termina por convencerme después de determinado tiempo, lo dejo. Eso no quiere decir que sea malo. Simplemente no estaba escrito para mí. Hace años que dejé de obligarme a terminar un libro".

Tanto la pregunta como la respuesta nos regalan una fotografía del momento que vivimos. Esa falta de curaduría, de críticos, de filtros que nos ayuden a no perder tiempo. A no hacer de la lectura una obligación. Pues así sucede con todo. Aquí, el escritor y analista Michael Bhaskar (2016) nos ayuda a entender la importancia de la curaduría. Su entendimiento, no propiamente como la conocemos, asociada al arte, sino a la vida misma, en particular cómo determina el problema de la abundancia de contenidos, de información, de entretenimiento. En síntesis, nos invita a observar el poder de la selección curatorial en un mundo caracterizado por los excesos, donde la escasez ya no es un problema. En la parte inicial de su ensayo, señala que uno de los principales problemas que padecemos en la actualidad mediática, no son propiamente causados por la tecnología, la globalización o los **hábitos de lectura, sino** por una fuerza más allá de uno de estos factores: el exceso de oferta. Experimentamos una tendencia detrás de otras tendencias que dificultan el mercado de bienes y servicios. Esta *infoxicación* nos hace perder lo que menos tenemos, el tiempo. Esto es parte central en el entendimiento del mercado. Curar lo que sabemos hacer.

3.- Disciplina, voluntad y generosidad. La primera para trabajar como hormigas en función de la sobrevivencia del hormiguero. La segunda, para no procrastinar y llevar las ideas a buen puerto, y la tercera para no caer en la constante tentación de establecer fines propios. Esto es, saber administrar la inteligencia compartida. Dice José Antonio Marina que vivimos en sociedad y pensamos a partir de una cultura. Por tanto, el desarrollo de nuestra inteligencia depende de la riqueza del entorno. Lo ejemplifica diciendo que un punto es el lugar de intersección de infinitas líneas. Esto es, no depende de ninguna y es formado por todas. Así es el ser humano, dice: es el nodo de una red.

Dicho de otra manera, somos nosotros y nuestras relaciones, formamos parte de muchos grupos, asociaciones, y por ende, la inteligencia de esos grupos que forman parte de mi entramado personal me afecta de forma vital. Necesitamos una urdimbre social para tejer sobre ella nuestro tapiz personal. Aquí la calidad de esos hilos influyen profundamente en nosotros. Nuestra suerte va unida a la de nuestra circunstancia social.

Resulta difícil romper el *precariato* sí, porque son diversas las circunstancias que lo generan, pero podemos comenzar por no apostar a que la solución venga del florecimiento de individualidades, sino del entendimiento del mercado, de la curaduría etc. Es necesario revalorar (no pedir que otros revaloren) la inteligencia colectiva de la comunidad de gestores y agentes culturales. Cuesta romper el *precariato* porque somos una comunidad muy inteligente y la inteligencia tiene un poder disolvente, como afirma Marina. Cuando se enfrenta la inteligencia individual a la inteligencia colectiva y se establecen los propios fines y no los colectivos, fortalecemos el *precariato*, no el hormiguero. Perdemos de vista el bien común, y no hay contribución en solitario.

4.- Destruir para construir. Es necesario romper los mármoles mentales y liberar categorías intelectuales capaces de dar un nuevo sentido a los bienes y servicios culturales que recrean nustra identidad. Un ejercicio de deconstrucción como cuando queremos saber el significado de una palabra y recurrimos a su origen etimólógico. Esto nos lleva de lo divergente a lo convergente.

El diccionario de la Real Academia Española define "Gestor" como la persona que se dedica profesionalmente a promover y activar en las oficinas públicas asuntos de particulares o sociedades. El diccionario de español jurídico de la RAE, lo define como la persona que se responsabiliza de sacar adelante algún negocio, iniciativa, proyecto o conjunto de actividades. Bajo mi particular punto de vista, el gestor es una persona que representa a otra en la responsabilidad o ejecución de un proyecto. Ahora bien, considerando que un proyecto cuenta con diferentes etapas, se requieren diversos gestores para trabajar desde el cumplimiento de trámites ante instancias públicas o privadas, hasta la promoción, difusión y realización del evento. Su trabajo consiste prácticamente en ahorrar tiempo y recursos, así como en saber que haga lo que haga, es para recrear la identidad cultural de una empresa, una comunidad o el país entero a través del arte y la cultura. Por el perfil de la actividad, debe contar con conocimientos de carácter procesal y seguimiento de trámites. Esto es justo lo que hace imprescindible sus servicios en la realización de un proyecto.

El término "Agente" es definido por la RAE como una persona que obra o tiene *capacidad de obrar*. Que tiene a su cargo una agencia para gestionar asuntos ajenos o *prestar determinados servicios*. A menudo es también definido como encargado de promover o *concluir actos* y operaciones de comercio por cuenta y en nombre ajeno, así como la persona a la que la administración encomienda el ejercicio de una función pública.

En el porrismo mental de venta de cursos de autoayuda, adhiriendo la palabra cambio, Agente de cambio, es una suerte de líder de impacto en una organización.

Rescato y subrayo la capacidad de obrar, de prestar determinados servicios, así como de concluir actos y operaciones, puesto que dibujan un perfil distinto al del gestor. En lo personal utilizo y trabajo siempre con este concepto porque lo considero más amplio y abarca, bajo mi punto de vista otro tipo de habilidades ajenas a las que suelen tener los Gestores Culturales, quizá por ello es más especializado al momento de *prestar determinados servicios.* No es un todólogo; o ese martillero improvisado que aparece en el collage de fotografías.

En este sentido propongo construir el perfil del término Agente Cultural y abrir paso a un tercer momento en la promoción y difusión del arte y la cultura. Propongo romper con el concepto de Gestor Cultural y al mismo tiempo comenzar a romper el *precariato* como modelo de gestión. Abrir paso un Agente Cultural, concebido como constructor de realidades; formado en el desarrollo de competencias, no solo laborales, y en el mejor de los casos académicas, sino también profesionales y mediáticas. Lo digo sabiendo que tanto los creadores como los gestores y promotores culturales son herederos de una tradición en nuestro país, que inicio a manera de oficio, que se encarnó en una tradición; pero convencido de que heredar una tradición es heredar un modo de ver hacia delante y no conservar un modo de ver hacia atrás, como bien decía Castillo Peraza. El Gestor Cultural debe saber que desde hace muchos años los ciudadanos en general, y los consumidores culturales en particular, ya no están siendo formados por las instituciones educativas y culturales del Estado, sino por el Mercado. Aquí el desarrollo tecnológico es determinante. He aquí la necesidad de la colegiación y la certificación.

Tomar lo mejor del Gestor y del Promotor para desarrollar un Agente que, con las cualidades antes descritas, sea capaz generar valor social desde la Gestión Cultural. Consciente de que solo desde la inteligencia colectiva podremos devolver al individuo su calidad de ciudadano.

Esta es una tarea que solo pueden hacer los Agentes Culturales del país. Esa comunidad que, pese a todo, sigue siendo la reserva cultural de México. Que sabe trabajar con el recurso de la cultura, lo que no sabe aún es cobrar. Confío en que sepa hacerlo y con ello dignifique, enriquezca y enaltezca esta profesión en ciernes llamada Gestión Cultural. Pero sobre todo, que no pierda de vista que existen una gran cantidad de asuntos que nos superan y se conjugan con la primera persona del plural, que cualquier otra conjugación está destinada al fracaso, como bien afirma Luís Miguel Hernández en el generoso y atinado prólogo de esta obra.

A 20 años de la adopción del término y el desarrollo de esta profesión aún en ciernes llamada Gestión Cultural, hay muchas visiones, formas de hacer y pensar las cosas que requieren pasar página. En otras tantas es necesario cambiar de libro. Sin embargo, como reza el dicho, en esto de la cultura cada maestrillo tiene su librillo.

Bibliografía

- Alexy, Robert (1993) *Teoría de los derechos fundamentales.* Centro de estudios constitucionales
- Elías Pérez, Carlos (2015) *El selfie de Galileo. Software social, político e intelectual del siglo XXI.* Editorial. Editorial Península.
- Puig, Tony (2009) *Ciudades con marca de excelentes servicios públicos, marketing de servicios frente a burocracias casposas.* Barcelona Primavera 2009 www. tonipuig.com Disponible en: http://www.tonipuig. com/assets/1-(5)-ciudades-con-marca-de-servicios-p%C3%BAblicos.pdf).
- Bauman, Zygmunt (2003) *Modernidad líquida.* Gedisa
- Bauman, Zygmunt (2013) *La cultura en el mundo de la modernidad líquida.* Editorial Fondo de Cultura Económica
- Bhaskar Michael (2016) *Curaduría, el poder de la selección en un mundo de excesos.* FCE
- Brambila, Blanca (2015) *Formación profesional de gestores culturales en México. El caso de tres programas universitarios.* Universidad de Guadalajara
- Brea, José Luís (2007) *Cultura RAM. Mutaciones de la cultura en la era de su distribución económica.* Gedisa
- Bustamante, Enrique (2002) *Hacia un nuevo sistema mundial de comunicación. Las industrias culturales en la era digital.* Editorial Gedisa.

- Canclini, Nestor y Piedras, Ernesto (2006) *Las industrias culturales y el desarrollo de México.* Siglo XXI editores.
- Castells, Manuel (1999) *La era de la información. Economia sociedad y cultura Vol. 1.* Siglo XXI editores.
- Coelho, Teixeira (2009) *Diccionario Crítico de Política Cultural. Cultura e imaginario.* Gedisa.
- Du Sautoy Marcus (2018) *Lo que no podemos saber. Exploraciones en la frontera del conocimiento.* Acantilado
- Esteban, Iñaki (2007) *El efecto Guggenheim, del espacio basura al ornamento.* Anagrama
- Ferrés Joan (2014) *Las pantallas y el cerebro emocional.* Gedisa
- Grüel, Pedro, Morales Rommy y Peters, Tomás. *Una canasta básica de consumo cultural para América Latin. Elementos metodológicos para el derecho a la participación cultural.* http://www.infoartes.pe/wp-content/uploads/2011/11/Una-canasta-b%C3%A1sica-de-consumo-cultural-para-Am%C3%A9rica-Latina.pdf
- Lara, Carlos (2014) *La reforma cultural, el pendiente de la transición democrática y la alternancia política.* Fundap
- López Obrador, Andrés (2019) *Hacia una economía moral.* Planeta
- Martel, Frédéric (2011) *Cultura mainstream. Cómo nacen los fenómenos de masas.* Taurus
- Martel, Frédéric. (2014). *Smart Internet (s) una investigación.* Taurus

- Mora, Francisco (2017) *Neuroeducación.* Alianza editorial
- Piedras, Ernesto (2004) *¿Cuánto vale la cultura? Contribución económica de las industrias protegidas por el derecho de autor en México.* Conaculta SACM, SOGEM
- Puig, Tony (2009 *Ciudades con marca de excelentes servicios públicos. Marketing de servicios frente a burocracias casposas.* Poblet, Barcelona. Disponible en www.tonypuig.com
- Klein, Naomi (2001) *No Logo. El poder de las marcas.* Paidós
- Reyes Heroles, Jesús (1975) *Discursos políticos. Avancemos con la sonda en la mano.* Imprenta Madero.
- Rushkoff, Douglas (2007) *Renacimiento 2.0 Empresas e innovación en la nueva economía.* Tendencias.
- Schiller, Herbert (1993) *Cultura S.A. La apropiación corporativa de la expresión pública.* Universidad de Guadalajara
- Scolari, Carlos (2007) *Hipermediaciones. Elementos para una teoría de la comunicación.* Gedisa
- Stolovich, Luis, Lescano Graciela y Mourelle, José (1997). *La cultura da trabajo. Entre la creación y el negocio: economía y cultura en el Uruguay.* Editorial fin de siglo.
- Wallerstein, Immanuel (2007) *Geopolítica y geocultura.* Kairós
- Yúdice George (2002) *El recurso de la cultura. Usos de la cultura en la era global.* Gedisa

- Zaid, Gabriel (2013) *Dinero para la cultura.* Debate
- Zallo, Ramón (2016) *Tendencias en comunicación. Cultura digital y poder.* Editorial Gedisa.

Otras fuentes

- Encuesta Nacional de Hábitos, Prácticas y Consumo Culturales 2010. Disponible en: https://www.cultura. gob.mx/encuesta_nacional/#.Xcd3BZJKjSw
- Constitución Política de los Estados Unidos Mexicanos. Cámara de Diputados. Disponible en: http://www. diputados.gob.mx/LeyesBiblio/pdf/1_090819.pdf
- Iniciativa de Ley de Espacios Independientes, presentada por la Diputada Gabriela Osorio en el Congreso de la Ciudad de México. Disponible en: https:// www.congresocdmx.gob.mx/en-el-congreso-local-se-presentaron-iniciativas-para-garantizar-espacios-culturales-independientes-y-a-la-digitalizacion-de-la-ley-de-bibliotecas-de-la-cdmx/
- José Pulido Mata "Quiero ser escritor rico y famoso". En Navegantes literarios. Una publicación de Faros de luz y ciencia. Noviembre de 2019. Disponible en: https://elfaroluzyciencia.com/2019/11/03/quiero-ser-escritor-rico-y-famoso-navegantes-literarios1/
- Ley General de Cultura y Derechos Culturales. Disponible en: http://www.diputados.gob.mx/LeyesBiblio/pdf/ LGCDC_190617.pdf
- Ley Federal del Trabajo. Disponible en: http://www. diputados.gob.mx/LeyesBiblio/pdf/125_020719.pdf

- Módulo sobre lectura (Molec) 2018. Disponible en: http://www3.inegi.org.mx/rnm/index.php/catalog/436
- Precariedad laboral alcanza a los artistas en México. https://www.eleconomista.com.mx/arteseideas/ Precariedad-laboral-alcanza-a-los-artistas-en-Mexico-20190929-0063.html
- Igualdad de derechos, no derechos especiales: un nuevo estudio reclama mejores condiciones de trabajo para los artistas. Disponible en: https://es.unesco.org/ creativity/news/igualdad-de-derechos-no-derechos-especiales-nuevo